首都圏版㉗ 使いやすい! 教えやすい! 家庭学習に最適の問題集!

西武学園文理小学校
星野学園小学校

2021年度版

過去問題集

<問題集の効果的な使い方>

①お子さまの学習を始める前に、まずは保護者の方が「入試問題」の傾向や難しさを確認・把握します。その際、すべての「学習のポイント」にも目を通しましょう。
②入試に必要なさまざまな分野学習を先に行い、基礎学力を養ってください。
③学力の定着が窺えたら「過去問題」にチャレンジ!
④お子さまの得意・苦手が分かったら、さらに分野学習をすすめレベルアップを図りましょう!

最新の入試問題と特徴的な出題を含めた全40問掲載

合格のための問題集

西武学園文理小学校

図形	Jr・ウォッチャー35「重ね図形」
言語	Jr・ウォッチャー60「言葉の音（おん）」
常識	Jr・ウォッチャー12「日常生活」
数量	Jr・ウォッチャー37「選んで数える」
お話の記憶	お話の記憶 上級編

星野学園小学校

推理	Jr・ウォッチャー15「比較」、58「比較②」
数量	Jr・ウォッチャー37「選んで数える」
言語	Jr・ウォッチャー49「しりとり」
図形	Jr・ウォッチャー10「四方からの観察」
お話の記憶	1話5分の読み聞かせお話集①②

日本学習図書（ニチガク）

目指せ!合格!

家庭学習ガイド
西武学園文理小学校

入試情報

応募者数：男子269名　女子260名
出題形態：ペーパー、ノンペーパー
面　　接：保護者・志願者面接
出題領域：ペーパー（言語、図形、常識、お話の記憶、数量、推理など）、
制作・巧緻性、行動観察、運動テスト

入試対策

ペーパーテストは、言語、図形、常識、お話の記憶、数量、推理など、幅広い分野から出題されました。応用レベルの問題が多く出題されています。お話の記憶、クロスワード、「２つの分野がいっしょになった図形分野の問題」などが、特に難問と言えます。なので、すべて正解できなくても落ち込む必要はありません。できる問題を確実に正解すれば合格ラインに達するでしょう。ペーパーの後、制作・巧緻性、行動観察、運動と、考査は続きますが、ここでは年齢相応の能力を観ているにすぎません。特に構える必要はないでしょう。

- ●小学校入試とは思えない、「難問」が例年出題されます。どう対策すればよいか悩むところですが、基礎を徹底して、できる問題を確実にとるというのも１つの方法です。
- ●行動観察の中の自由遊びで、「１人で遊んでいる子がいたら、声をかけていっしょに遊びましょう」という声かけがありました。日常生活でほかの人のことを考えて行動することを、もう一度、お子さまと確認しあうようにしてください。
- ●面接は、保護者と志願者がいっしょに行います。お子さまと充分に話をして面接に臨んでください。

必要とされる力 ベスト６

チャートで早わかり！

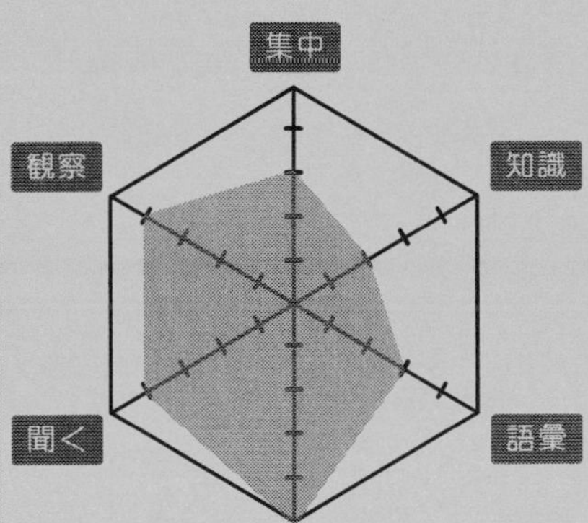

特に求められた力を集計し、左図にまとめました。
下図は各アイコンの説明です。

	アイコンの説明
集中	集　中　力…他のことに惑わされず１つのことに注意を向けて取り組む力
観察	観　察　力…２つのものの違いや詳細な部分に気付く力
聞く	聞　く　力…複雑な指示や長いお話を理解する力
考え	考える力…「～だから～だ」という思考ができる力
話す	話　す　力…自分の意志を伝え、人の意図を理解する力
語彙	語　彙　力…年齢相応の言葉を知っている力
創造	創　造　力…表現する力
公衆	公衆道徳…公衆場面におけるマナー、生活知識
知識	知　　識…動植物、季節、一般常識の知識
協調	協　調　性…集団行動の中で、積極的かつ他人を思いやって行動する力

※各「力」の詳しい学習方法などは、ホームページに掲載してありますのでご覧ください。http://www.nichigaku.jp

「西武学園文理小学校」について

〈合格のためのアドバイス〉

当校は、小・中・高の12年一貫教育の中で「世界のトップエリート」を、育てることを目指しています。「英語のシャワー」と例え、力を入れている英語教育など、独自性の強い教育を行っており、系列高校は目覚しい進学実績を誇ります。しかし、「エリート教育＝学力・先取り教育」という安易な内容ではなく、心の教育を重んじ、日本人のアイデンティティを持って世界で活躍できる人材の育成を目指しています。そのために、当校では、「心を育てる」「知性を育てる」「国際性を育てる」の３つに教育の重点を置いています。これらの教育の重点は保護者の教育観、人生観が重要になります。ですから当校を志願する保護者は、当校の教育理念をしっかりと理解するとともに、学校と一体となって子どもを育てていくという意識を持つ必要があるでしょう。

2020年度の入学試験では、保護者・志願者面接のほか、ペーパーテスト、制作、行動観察、運動が行われました。ペーパーテストの特徴は、段階を踏んだ思考を必要とする複合問題が多く、体験、思考力、観察力、聞く力など、さまざまな力が求められることです。対策としては、具体物を使用して基礎基本をしっかりと定着させた上で、問題集などを利用して学力の伸ばす計画を立てることです。保護者の方は、ご自身で学校の過去問題をじっくり分析し、どのような力が求められているのかを理解した上でお子さまに指導していきましょう。

面接では、併願校について必ず聞かれるようです。その答えによって合否に影響が出ることはないと思いますが、どう答えるか準備はしておいてください。質問は、志願者を中心に行われるので、「聞く」「話す」がしっかりできるように練習しておくとよいでしょう。

〈2020年度選考〉

〈面接日〉

◆保護者・志願者面接（10 ～ 15 分）

〈考査日〉

◆ペーパー：言語、図形、常識、お話の記憶、数量、推理など

◆制作・巧緻性

◆行動観察

◆運動

◇過去の応募状況

2020年度	男子269名	女子260名
2019年度	男子245名	女子197名
2018年度	男子198名	女子149名

入試のチェックポイント

◇生まれ月の考慮…「あり」

◇受験番号…「願書受付順」

〈本書掲載分以外の過去問題〉

◆図形：積み木を矢印の方向に回転させた時にできる形はどれか。[2017年度]

◆数量：右の四角の中の材料でハンバーガーはいくつできるでしょうか。[2016年度]

◆推理：回転するテーブルで、動物の前に置かれたくだものを答える。[2015年度]

◆行動観察：６～７名のグループ、３チーム対抗でぞうきんがけリレー。[2012年度]

目指せ！合格！

家庭学習ガイド
星野学園小学校

入試情報

応募者数：男子92名　女子93名
出題形態：ペーパー、ノンペーパー
面　　接：保護者・志願者面接
出題領域：ペーパー（お話の記憶、数量、推理、図形、言語、常識など）、
制作・巧緻性、行動観察、運動テスト

入試対策

ペーパーテストは、お話の記憶、数量、推理、図形、言語、常識など、幅広い分野から出題されており、分野を絞った対策がしにくいとも言えますが、各分野の基礎をしっかり学習しておけば大丈夫と言うこともできます。ペーパーテスト以外には、制作、行動観察、運動テストが行われています。運動テストでは、さまざまな指示を盛り込んだサーキット運動が例年出題されています。年齢なりの能力の有無を観点としています。行動観察では、「好きな動物のものまね」という課題が出題されています。はずかしがらずに行えれば、この課題の出来が評価されることはまずありませんから、問題はないでしょう。

- 入学試験全体の構成に大きな変化はないので、過去に出題された問題をしっかりと分析しておきましょう。
- 面接は、保護者と志願者がいっしょに行います。学校の建学の精神や教育方針の理解度を問われるので準備をしておきましょう。
- 面接のはじめに、名前、誕生日、幼稚園名、担任の先生の名前をまとめて質問されて、志願者が戸惑ってしまうということもあったようです。

必要とされる力 ベスト6

チャートで早わかり！

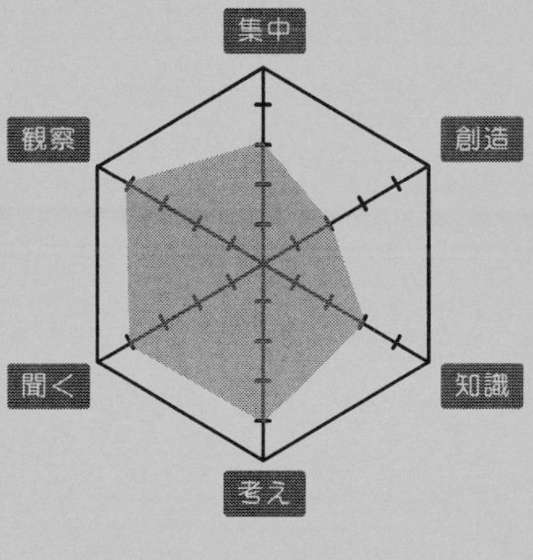

特に求められた力を集計し、左図にまとめました。
下図は各アイコンの説明です。

	アイコンの説明
集中	集　中　力…他のことに惑わされず１つのことに注意を向けて取り組む力
観察	観　察　力…２つのものの違いや詳細な部分に気付く力
聞く	聞　く　力…複雑な指示や長いお話を理解する力
考え	考える力…「～だから～だ」という思考ができる力
話す	話　す　力…自分の意志を伝え、人の意図を理解する力
語彙	語　彙　力…年齢相応の言葉を知っている力
創造	創　造　力…表現する力
公衆	公衆道徳…公衆場面におけるマナー、生活知識
知識	知　　識…動植物、季節、一般常識の知識
協調	協　調　性…集団行動の中で、積極的かつ他人を思いやって行動する力

※各「力」の詳しい学習方法などは、ホームページに掲載してありますのでご覧ください。http://www.nichigaku.jp

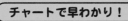

「星野学園小学校」について

〈合格のためのアドバイス〉

当校は、「よく考え、進んで学ぶ子ども／明るく健康な子ども／広いこころを持ち思いやりのある子ども／礼儀正しく、あいさつのしっかりできる子ども」を教育目標とし、小・中・高の12年間の一貫教育の中で「情操教育」「学力養成教育」「英語教育」の３つを教育の柱に児童１人ひとりの成長を実現することを目指しています。１年生では学習の習慣をつけることから始まり、基礎作りを徹底。高学年になると中学校での学習を意識した英検５級取得などの内容も盛り込まれます。そういった学校の教育方針を理解し、学校教育と家庭教育の調和を図ることを大切にできるご家庭の児童を求めています。

2020年度の入学試験では、保護者・志願者面接のほか、ペーパーテスト、制作、行動観察、運動が行われました。ペーパーテストの特徴は、出題分野の範囲が広いことです。対策としては、当過去問題集で出題分野の傾向を把握した上で、広い範囲での問題練習を行いましょう。図形や数量の問題では、具体物を使用して基礎をしっかりと定着させた上で、問題集などを利用して学力の伸ばすようにしてください。保護者の方は、ご自身で学校の過去問題をじっくり分析し、どのような力が求められているのかを理解した上で学習を進めましょう。

また、制作では、例年ハサミやのりを使った切り貼りする課題が出題され、作ったものは、次の行動観察の課題で使用します。日頃の学習ではお子さまが描いた絵を使って、「ものまね」をさせてみるなどの制作と行動観察を結びつけた学習を行うというのも当校の対策として有効でしょう。運動では基本的な運動能力と、多くの指示を聞く力が求められます。本過去問題集を参考にして、不足している部分があれば学習・練習をしておきましょう。

〈2020年度選考〉

〈面接日〉

◆保護者・志願者面接（10～15分）

〈考査日〉

◆ペーパー：記憶、数量、図形、言語、常識など

◆制作・巧緻性

◆行動観察

◆運動

◇過去の応募状況

2020年度	男子92名	女子93名
2019年度	男子93名	女子94名
2018年度	男子89名	女子81名

入試のチェックポイント

◇生まれ月の考慮…「あり」

◇受験番号…「願書受付順」

〈本書掲載分以外の過去問題〉

◆系列：あるお約束にしたがって「グー」「チョキ」「パー」が並んでいます。色を塗ったマスの中に「グー」「チョキ」「パー」はそれぞれいくつありますか。[2017年度]

◆常識：絵の中から秋のものをすべて探して、○をつけましょう。[2015年度]

◆図形：見本の立体を真上から見るとどのように見えますか。[2015年度]

◆推理：同じ量の水が入ったコップにそれぞれ積み木を入れるとどうなりますか。[2014年度]

◆迷路：男の子が角を右に曲がり、次の角を左に曲がってたどりついた店は。[2012年度]

㊣ 先輩ママたちの声！

◆実際に受験をされた方からのアドバイスです。
ぜひ参考にしてください。

西武学園文理小学校

・面接では、説明会への出席の有無や創作展に来なかった理由などを聞かれました。学校説明会や公開行事は、子どもの入学のイメージをしっかりとつかむためにも参加した方がよいと思います。

・難しい問題は、考えすぎないようにして、ほかの問題を落とさないように指導しました。

・過去問の中に掲載されていた問題と似たような問題が出題されました。過去問をしっかりと解き、対策をとることが大切だと思いました。

・語彙力を必要とする感じがしました。読み聞かせをしながら、子どもがわからない言葉などが出てくると、そのたびにいっしょに調べたりしました。そのことが結果的にはよかったように思います。

・難しい問題が多いので、基礎力だけだはなく、応用力も必要だと思います。ある程度、似た傾向の問題が多いので、取りこぼしのないよう、しっかりと取り組むように心がけました。

星野学園小学校

・ペーパーテストの量が多いので、最後まで集中しているのが大変だったようです。

・説明会では名前を記入する機会もあり、受験に関する情報も得られるので、参加しておいた方が有利だと思います。

・授業参観ではアットホームな雰囲気で生徒たちものびのびとしている印象を受けました。設備が充実していて駐車場も広いので自動車での来校にも寛容です。

・面接では、当校の教育方針、「全人教育」への理解を問われました。その辺りの知識は身に付けていた方がよさそうです。

西武学園文理小学校
星野学園小学校

過去問題集

〈はじめに〉

現在、少子化が叫ばれているにもかかわらず、私立・国立小学校の入学試験には一定の応募者があります。入試は、ただやみくもに学習するだけでは成果を得ることはできません。志望校の過去における出題傾向を研究・把握した上で、練習を進めていくこと、その上で試験までに志願者の不得意分野を克服していくことが必須条件です。そこで、本問題集は小学校を受験される方々に、志望校の出題傾向をより詳しく知って頂くために、過去に遡り出題頻度の高い問題を結集いたしました。最新のデータを含む精選された過去問題集で実力をお付けください。

また、志望校の選択には弊社発行の「2021年度版　首都圏・東日本　国立・私立小学校　進学のてびき」をぜひ参考になさってください。

〈本書ご使用方法〉

◆出題者は出題前に一度問題を通読し、出題内容などを把握した上で、〈 準 備 〉の欄に表記してあるものを用意してから始めてください。
◆お子さまに絵の頁を渡し、出題者が問題文を読む形式で出題してください。問題を読んだ後で、絵の頁を渡す問題もありますのでご注意ください。
◆「分野」は、問題の分野を表しています。弊社の問題集の分野に対応していますので、復習の際の目安にお役立てください。
◆問題番号右端のアイコンは、各問題に必要な力を表しています。詳しくは、アドバイス頁（ピンク色の１枚目下部）をご覧ください。
◆一部の描画や工作、常識等の問題については、解答が省略されているものがあります。お子さまの答えが成り立つか、出題者が各自でご判断ください。
◆〈 時 間 〉につきましては、目安とお考えください。
◆解答右端の［○年度］は、問題の出題年度です。［2020年度］は、「2019年の秋から冬にかけて行われた2020年度入学志望者向けの考査で出題された問題」という意味です。
◆学習のポイントは、指導の際にご参考にしてください。
◆【おすすめ問題集】は各問題の基礎力養成や実力アップにご使用ください。

〈本書ご使用にあたっての注意点〉

◆文中に **この問題の絵は縦に使用してください。** と記載してある問題の絵は縦にしてお使いください。
◆〈 準 備 〉の欄で、クレヨンと表記してある場合は12色程度のものを、画用紙と表記してある場合は白い画用紙をご用意ください。
◆文中に **この問題の絵はありません。** と記載してある問題には絵の頁がありませんので、ご注意ください。なお、問題の絵の右上にある番号が連番でなくても、中央下の頁番号が連番の場合は落丁ではありません。
下記一覧表の●が付いている問題は絵がありません。

問題１	問題２	問題３	問題４	問題５	問題６	問題７	問題８	問題９	問題10
									●
問題11	問題12	問題13	問題14	問題15	問題16	問題17	問題18	問題19	問題20
●									
問題21	問題22	問題23	問題24	問題25	問題26	問題27	問題28	問題29	問題30
問題31	問題32	問題33	問題34	問題35	問題36	問題37	問題38	問題39	問題40
		●	●						

新型コロナウイルスに関わる
西武学園文理小学校の取り組みについて

子ども達はコロナ禍に負けずにがんばりました

新型コロナウイルス感染防止の臨時休校中に、オンラインで授業をしました。子ども達の視聴回数は４万４０００回、総再生時間２５００時間とがんばった数字がデータとして残りました。

臨時休校中の学習の保証をどうするか、どこの学校も悩まれたと思います。文理小学校では、はじめに保護者へのアンケートを取り、情報機器の環境、操作などについて聞きました。その結果、環境は整っていましたが、お子様１人では操作ができないということが分かりました。
そこで、文理小学校のオンライン授業は、動画配信に決めました。動画配信は複雑な操作無しで学習することができるだけでなく、分からないところを何度も見て確認することもできました。この取り組みで先生方が作成した動画は、その数２７０本。学年で平均すると４５本が子ども達のもとへ届けられました。

また、臨時休校中はＺＯＯＭで朝の会、夕の会をして担任とやりとりをしていたので、通常授業に戻った現在でも、児童と担任の意思疎通がスムーズだったのが印象的でした。そして、授業日数、給食の回数なども精査し、夏・冬・春休みを短くすることで例年通りの授業日数、給食の回数を維持することができました。

これを通して、皆様に学校の姿勢を感じて戴ければ幸いです。

西武学園文理小学校　学校長　飛田　浩昭

◎学習効果を上げるため、前掲の「家庭学習ガイド」及び「合格のためのアドバイス」をお読みになり、各校が実施する入試の出題傾向を、よく把握した上で問題に取り組んでください。
※冒頭の「本書ご使用方法」「本書ご使用にあたっての注意点」も併せてご覧ください。

保護者の方は、別紙の「家庭学習ガイド」「合格ためのアドバイス」を先にお読みください。
当校の対策および学習を進めていく上で、役立つ内容です。ぜひ、ご覧ください。

〈西武学園文理小学校〉

2020年度の最新問題

問題1　分野：言語（クロスワード）　考え　語彙

〈準　備〉　サインペン

〈問　題〉　上の段の見本を見てください。左の四角の中のマス目には、右の四角の中の絵の名前が入ります。見本では、縦に「スズメ」が入り、横に「メダカ」が入ります。また、太く囲まれたマス目には同じ音が重なって入ります。見本では「メ」の音が入ります。その時、使われなかった絵を右の四角の中から選んで○をつけます。見本と同じように、下の問題に答えてください。

〈時　間〉　各40秒

〈解　答〉　下図参照

［2020年度出題］

学習のポイント

当校では例年、クロスワードの問題が出題されているので対策をとっておきましょう。保護者の方にとっては一目見て、この問題がクロスワードだとわかると思いますが、この年齢のお子さまは実際に解いたことがないと、クロスワードの特徴である「マスに音をはめ込む」ということに気付きにくいので難しい問題と言えます。この問題を解くポイントとしては、同じ音が入るという意味の太い線のマスに注目します。①の右上の太い線のマスを見てください。上の横マスは「尾音」、縦のマスは「頭音」にその太い線のマスが重なります。この条件を踏まえて選択肢を見ると、「タヌキ」の「キ」と「キツネ」「切手」の「キ」に絞られ、上の横マスは「タヌキ」とわかります。同じようにして、下の太い線のマスを見ていくと、このマスはそれぞれ尾音同士ということから、「メガネ」と「キツネ」の尾音がいっしょなので、答えが「切手」とわかります。

【おすすめ問題集】

Ｊｒ・ウォッチャー17「言葉の音遊び」、18「いろいろな言葉」、
60「言葉の音（おん）」

問題2　分野：数量（数える）

集中　考え

〈準備〉　サインペン

〈問題〉　マスの中に描かれている絵の数が同じものを見つけて、左上のウサギのマスから右下のネズミのマスまで線でつないでください。お約束として、黒いマスを飛び越えてはいけません。また斜めに進むこともできません。

〈時間〉　各１分

〈解答〉　下図参照（一例）

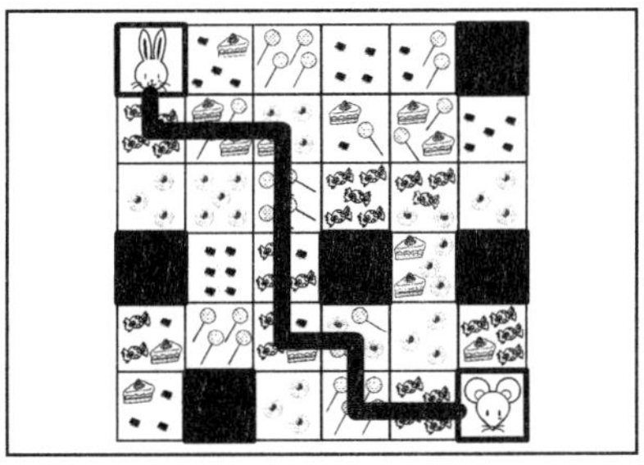

［2020年度出題］

学習のポイント

一見すれば図形分野の問題に見えますが、マスの中の絵を数えて同じ個数が隣合っていれば線をつないでいき、答えを出すという「数える」という数量の問題と言えます。始まりのウサギのマスを見ると、右に「せんべい４つ、ケーキ１つ」の個数が５つのマスと、下に「アメ４つ」の個数が４つのマスがあります。それらのマスの隣を確認すると、５つのマスの隣には同じ個数はありません。４つのマスは、右隣に「ケーキ２つ、アメ２つ」の４つのマスがあることから、線をつなぐことができます。このようにして解いていけば答えは導き出せます。それに加えて、目的地の位置の把握も必要です。この問題では線をつなぐのに扱っている数は「４」ですが、線をつなげていくと目的地にたどり着けない「４」もあります。このことから「４」を見つけてすぐに線を引くのではなく、しっかりと目的地の位置を把握しながら線を引けているかどうかも観られているということでしょう。

【おすすめ問題集】

Ｊｒ・ウォッチャー41「数の構成」、42「一対多の対応」、51「運筆①」、52「運筆②」

問題３　分野：言語（しりとり）

語彙　知識

〈準　備〉　サインペン

〈問　題〉　太い○の中の絵から「しりとり」を始めます。順番に線をつないでください。

〈時　間〉　各30秒

〈解　答〉　下図参照

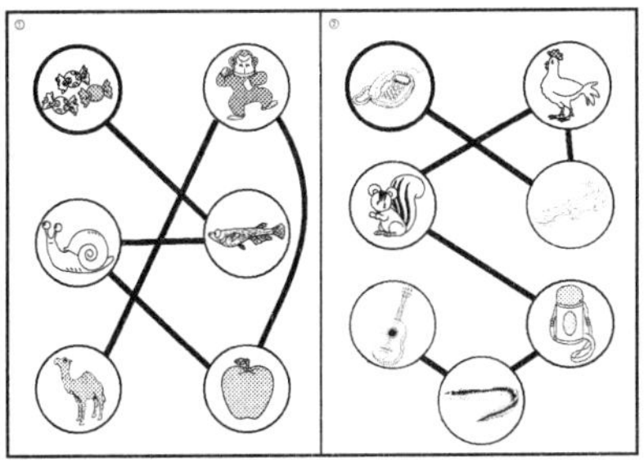

［2020年度出題］

家庭学習のコツ①　「先輩ママのアドバイス」を読みましょう！

本書冒頭の「先輩ママのアドバイス」には、実際に試験を経験された方の貴重なお話が掲載されています。対策学習への取り組み方だけでなく、試験場の雰囲気や会場での過ごし方、お子さまの健康管理、家庭学習の方法など、さまざまなことがらについてのアドバイスもあります。先輩ママの体験談、アドバイスに学び、ステップアップを図りましょう！

学習のポイント

太い○からしりとりを始めて、絵を線でつないでいく問題です。この年齢のお子さまならば、「しりとり」で遊んだことがあるので難しくないでしょう。ですから、お子さまが間違えたのであれば、「しりとり」の問題を理解できなかったのではなく、絵そのものを理解できなかったのではないでしょうか。ただ、その場合は知識量を増やせればよいので、保護者の方は心配する必要はありません。最近は、知識を増やす方法は多様化されています。図鑑だけでなく、インターネットなどで増やすこともできます。生活環境に合った方法を見つけて、知識を増やしていきましょう。

【おすすめ問題集】
　Ｊｒ・ウォッチャー49「しりとり」

問題4　分野：図形（対称・重ね図形）　観察　考え

〈準　備〉　サインペン

〈問　題〉　左の２つの四角を太線で矢印の方向に折った時、黒いマスに隠れる記号のみが書かれている四角を右の中から選んで○をつけてください。

〈時　間〉　各30秒

〈解　答〉　下記参照

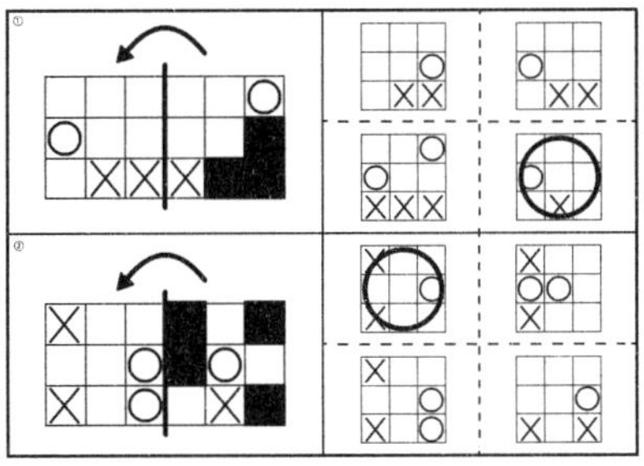

［2020年度出題］

学習のポイント

「折る」ことで図形が対称となり、それを「重ねる」ことで重ね図形にもなるので複合的な図形問題と言えます。それだけでなく、黒で塗られているマスに隠れる記号だけ書かれた四角を選ぶという指示もあるので、お子さまは解くのに困惑してしまうかもしれません。このような複合的な問題で解くポイントは、いきなり答えを出そうとせずに、１つひとつ作業を分割して取り組むことです。この問題ならば、①「折る」ことで記号の移動を確認する　②黒いマスに隠れた記号を確認する、というように解いていけば頭の中で問題が整理されて解きやすくなります。

【おすすめ問題集】
　Ｊｒ・ウォッチャー８「対称」、35「重ね図形」

問題5　分野：図形（図形の構成）

観察　考え

〈準備〉　サインペン

〈問題〉　上の図形を作る時に使わないパーツに○をつけてください。

〈時間〉　各30秒

〈解答〉　下記参照

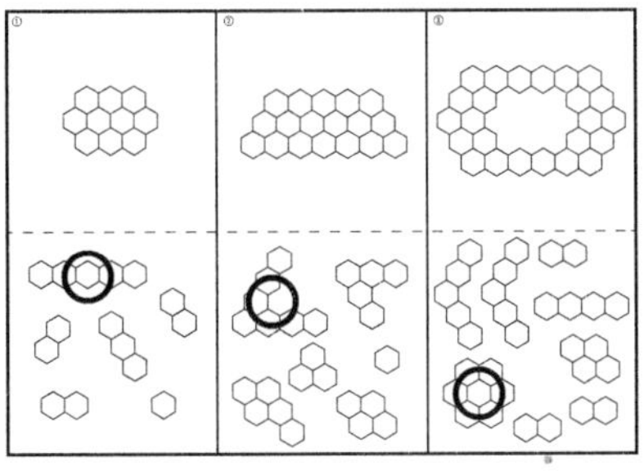

［2020年度出題］

学習のポイント

この問題で観られているのは、どのように組み合わせれば見本の形を作ることができるか、つまり図形の構成の仕方です。そのためには、見本の図形の特徴を把握しなければいけません。①の問題を見てみると、見本の図形は下に３つ、真ん中に４つ、上に３つの六角形のパーツに分けることができます。それを踏まえて、選択肢のパーツを見ると、選択肢の中にある５つのパーツは使わないものだとわかります。②③にも見本の図形に当てはまらないものがあるので同様に解くことができます。このように言葉で説明してもお子さまがあまり理解できていないようであれば、実際に選択肢のパーツを見本の図形にはめ込む作業をしてみてください。その作業で「はまらないパーツ」というのが、この問題で言う、「使わないパーツ」ということがわかります。そうすれば、次回ペーパー学習で類題を解く時に、理解しやすくなるでしょう。

【おすすめ問題集】

Ｊｒ・ウォッチャー９「合成」、54「図形の構成」

家庭学習のコツ②　「家庭学習ガイド」はママの味方！

問題演習を始める前に、試験の概要をまとめた「家庭学習ガイド（本書カラーページに掲載）」を読みましょう。「家庭学習ガイド」には、応募者数や試験科目の詳細のほか、学習を進める上で重要な情報が掲載されています。それらの情報で入試の傾向をつかみ、学習の方針を立ててから、対策学習を始めてください。

問題6　分野：お話の記憶

聞く　集中

〈準備〉　サインペン

〈問題〉　お話を聞いて、後の質問に答えてください。

いつもより早く起きたサルくん。今日はお友だちのウシくん、タヌキくん、イヌさん、クマさんと海へ魚釣りに行きます。サルくんのお母さんが「たくさん釣ってきてね！」と言うので、サルくんは「家族の分は釣ってくるよ！」と言いました。サルくんの家族はサルくんのお父さん、お母さん、妹の４人家族ですから、サルくんは釣る数の目標を「４匹」に決めました。家のピンポンが鳴りました。隣の家に住んでいるウシくんが「そろそろ行くよ！」と言うので、「行ってきます」と言い、家を出ました。集合場所のバス停にはすでにタヌキくんとイヌさんがいましたが、クマさんがまだ来ていません。乗るつもりだった赤色のバスを４人は見送りました。「クマさん、大丈夫かな？」とイヌさんが心配していたらちょうどクマさんが来ました。「ごめんなさい」と謝りましたが、理由を答えてくれません。タヌキくんが「何で理由を言わないの？」と少し怒ると、サルくんが「まあまあ、怒らないで。無事でよかったんだから」となだめました。５人は次に来た緑色のバスに乗って、海へ向かいました。だんだんと海が近づいてくる窓から見える景色にみんな見とれています。
海へ着きました。セミもミンミンと鳴いています。さっそく魚釣りが始まりました。サルくんは３匹。ウシくん、クマさんは４匹。タヌキくん、ウサギさんは２匹釣れました。サルくんは「４匹釣りたかったのに」と悲しそうな顔をしましたが、「はじめてで３匹も釣れたんだからすごいわ」とウサギさんが言ってくれました。と同時にぐ～と大きな音が鳴りました。それはタヌキくんのおなかが鳴った音でした。「おなか空いちゃった。どこか近くのレストランに行かない？」と言ったので、お昼ごはんの時間にしました。クマさんが「あのね……」と言い出したので、みんなクマさんに注目すると、カバンの中からみんなの分のサンドイッチを取り出しました。「どうしたの、これ」とサルくんが聞くと、「実は朝早起きして作ったの。でも、慣れてなくて作るのに時間がかかっちゃって。それで遅刻しちゃったの。ごめんね」と言いました。タヌキくんは「そんな、わざわざありがとう。ぼくもさっき怒っちゃってごめんなさい。あの時、すぐに言ってくれればよかったのに」と言いました。クマさんは「なんか照れくさかったから」と言い、クマさんとタヌキくんは握手して仲直りをしました。そしてレストランへ行くのをやめて、みんなでクマさんの手作りサンドイッチを食べました。
帰りはバスの中でみんな寝てしまいました。バス停でみんなと別れた後、サルくんはウシくんと家へ向かいました。「今日は楽しかったね」とサルくんが言うと、「そうだね。あ、そうだ」とウシくんが魚を１匹取り出し、サルくんに渡しました。「ぼくの家族は３人だから１匹余るのでサルくんにあげる！」と言って渡してくれました。「ありがとう！」とサルくんは大喜び。ウシくんとお別れをして、家に帰ってお母さんに元気よく「ただいま！」と言いました。

①サルくんの隣の家に住んでいるのは誰ですか。四角の中から選んで○をつけてください。
②このお話の季節はいつでしょうか。同じ季節のものを、四角の中から選んで○をつけてください。
③みんなは最初、何色のバスに乗りましたか。そのバスと同じ色のものを、四角の中から選んで○をつけてください。
④サルくんは魚を何匹釣ったでしょうか。その数だけ四角の中に○を書いてください。
⑤サンドイッチを作ってくれたのは誰でしたか。四角の中から選んで○をつけてください。

〈時間〉　各30秒

〈解答〉　①右から２番目（ウシ）　②右端（風鈴）　③右端（ピーマン）
④○：３　⑤左端（クマ）

［2020年度出題］

学習のポイント

当校のお話の記憶の問題は、例年お話の長さが1000字を超えるだけでなく、登場人物、質問の数も多いのが特徴です。登場人物や質問が多ければ多いほど、記憶しなければならないことが増えてきます。この問題では、登場人物が釣った魚の数などがその例として挙げられるでしょう。サルくん、ウシくん、タヌキくん、イヌさん、クマさんそれぞれの釣った魚を頭の中で整理しないと、「誰が○匹釣った」と答えることが難しくなりますが、とはいえ、頭の中で整理する方法を工夫すれば少しは難しさは和らぎます。工夫の例として、日頃の読み聞かせの中で、お話の場面をイメージしながら聞くようにしてみましょう。そのために保護者の方は、読み聞かせの途中や終わりに、質問をしてください。お子さまは質問されることによって、お話をイメージして、内容を思い出そうとします。これを繰り返し行っていけば、お子さまがお話を聞き取る時に、イメージでお話の場面を整理でき、お話の内容も記憶しやすくなっていきます。

【おすすめ問題集】

1話5分の読み聞かせお話集①・②、お話の記憶 初級編・中級編・上級編、
Ｊｒ・ウォッチャー19「お話の記憶」

問題7　分野：数量（数える）

観察　集中

〈準 備〉　サインペン

〈問 題〉　絵を見てください。マスの中にさまざまな記号があります。このマスを列ごとに見てみると、それぞれの記号の数が同じ列があります。その列を見つけ出し、その列の矢印のところにある四角に○をつけてください。

〈時 間〉　各1分30秒

〈解 答〉　下記参照

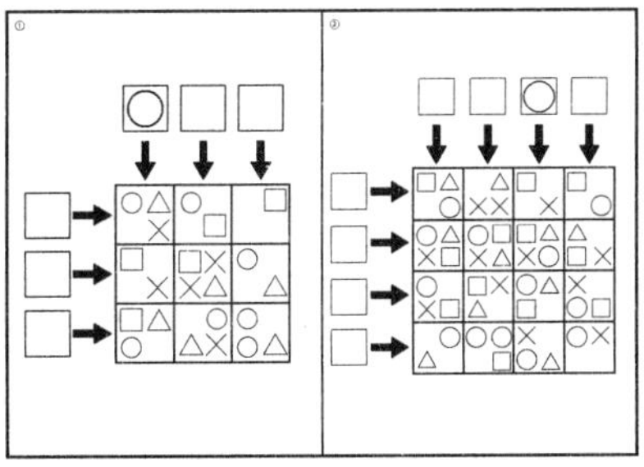

［2020年度出題］

学習のポイント

この問題は一見、図形分野に見えますが、列ごとにマスを見ていき、それぞれの記号の数が同じならばその列の矢印の上の四角に○をつけるという、数を「数える」ことを観ている、数量分野の問題と言えます。絵がマスになっているので、「列」という認識がしにくくなっていますが、①の横に３つ連なっている四角の左端で言うならば、矢印は左上、左中、左下のマスのことを指して、これを「列」としています。その列の中の記号の数がそれぞれ同じものならば○をつけるというのがこの問題です。この四角だと、左上のマスに「○、△、×」がそれぞれ１つ。左中は「□、×」が１つずつ。左下は「○、△、□」がそれぞれ１つ書かれています。このことからこの列の記号は「○、△、□、×」がそれぞれ２つあるので、この問題の答えはこの列ということがわかります。②も同様に解いていってください。この問題はほかの列の記号も目に入って、数えにくく間違えやすいです。ですから、列全体を漠然と見るのではなく、列ごとに記号を１つひとつ見ていきましょう。その際、「どの記号からかぞえる」「上から下へ」「左から右へ」など見ていく順番を決めていくとなお、重複して数えたり、数え忘れたりするケアレスミスが少なくなります。

【おすすめ問題集】

Ｊｒ・ウォッチャー37「選んで数える」

問題8　分野：図形（推理思考）

考え　観察

〈準備〉　サインペン

〈問題〉　上の四角の家を建てる時に真ん中に使うものはどれがよいでしょうか。

〈時間〉　30秒

〈解答〉　左端

［2020年度出題］

学習のポイント

上の見本の家を見て、どの形のものを真ん中に使えばよいかを答える問題です。家を建てる時に「柱」があり、その役目を果たしているものを見つける問題ですが、この年齢のお子さまに「柱」と言っても伝わらないでしょう。ですから、まずはなぜその形のものを真ん中に使うのかを説明することが大切です。それを真ん中に使うことで、家全体が安定するということをお子さまに教えます。そうすると、お子さまは上部が尖っているものは、全体を安定させるのにはふさわしくなかったり、長さが足りないものだと「柱」の意味をなさないということを知ることができます。

【おすすめ問題集】

Ｊｒ・ウォッチャー16「積み木」、31「推理思考」

問題9　分野：運動

集中　聞く

〈準備〉　平均台、鉄棒、フープ、ボール、雑巾

〈問題〉　**この問題は絵を参考にしてください。**
下記のサーキット運動を行う。
①平均台を歩く。
②５秒間鉄棒にぶら下がる。
③ケンケンパで進む。
④ボールを投げ上げて、落ちてくる間に１回拍手してキャッチする。
⑤雑巾がけをする。

〈時間〉　適宜

〈解答〉　省略

［2020年度出題］

学習のポイント

運動の内容は、小学校入試で行われているものが多く難しい課題ではないので、それほど特別な対策は必要ないでしょう。そもそも、身体的な能力を測ることが目的というわけではなく、ごく普通に運動ができれば問題はありません。それよりも、取り組む姿勢の方が重要と言えます。運動の得意なお子さまにとっては、これらの課題は簡単なものでしょう。だからと言って、適当にやったり、ふざけ半分でやったりすると、課題自体はできていたとしても確実に低い評価になります。逆に課題ができなかったとしても、一生懸命取り組んでいれば、マイナスの評価にはなりません。つまり、それぞれが全力を出しているかどうかが観られているということです。ただし、まったくできないとなると、何の対策もしてこなかったとみなされてしまうでしょう。例年、大きく課題が変わるわけではないので、学習の合間などに練習しておくようにしましょう。

【おすすめ問題集】
新運動テスト問題集、Ｊｒ・ウォッチャー28「運動」

問題10　分野：制作・行動観察

聞く　協調

〈準備〉　クーピーペン（12色）、画用紙、紙コップ、やわらかい積み木、ボール、フラフープ、竹馬、フリスビーなど

〈問題〉　**この問題の絵はありません。**
①白い画用紙にあなたがお誕生日に欲しいものの絵を描いてください。
②「どうぶつえんへいこう」の歌に合わせて、先生が水族館にいる生きものの名前を言ったら、その言葉の音の数のお友だちと手をつないで、グループを作ってください。
③紙コップでタワーを作ってください。
④やわらかい積み木、ボール、フラフープ、竹馬、フリスビーなどを使って、自由に遊んでください。先生が笛を吹いたら、遊びをやめて、片付けをしてください。

〈時間〉　適宜

〈解答〉　省略

［2020年度出題］

学習のポイント

制作（絵画）→集団行動→自由遊びという流れの行動観察です。どんな課題かというところは、ほとんど関係ないと言ってよいでしょう。行動観察で観られているのは、お子さまのすべてです。ペーパーテストにおいては、ある程度の対策はできますが、集団の中での行動や自由遊びの時の態度などは、どうしてもお子さまの素の部分が出てしまいます。集団行動ができるのか、和を乱すことはないかなど、学校側は入学後の姿を想像しながらお子さまを観ています。その素の姿というのは、お子さまが育ってきた環境そのものなのです。これまでは、知識を中心とした「頭」が入学試験で観られるポイントでしたが、最近では口頭試問や行動観察などの「人」を観る試験も多くなっています。それは、お子さまを通して保護者を観ているということなのです。

【おすすめ問題集】

Ｊｒ・ウォッチャー24「絵画」、29「行動観察」
新口頭試問・個別テスト問題集、新ノンペーパーテスト問題集

問題11　分野：面接

話す　聞く

〈準備〉　なし

〈問題〉　**この問題の絵はありません。**

【父親】
・本校を選んだ理由をお聞かせください。
・本校のほかに併願校はございますか。
・どのような職業をされていますか。
・お子さまを褒めるのはどのような時ですか。
・お子さまにはどのように成長してほしいですか。
・入学後、学校行事に参加することはできますか。

【母親】
・お子さまは幼児教室へ通われていますか。もし通われているのならば、その幼児教室名を教えていただけますか。
・お子さまを叱るのはどのような時ですか。
・お子さまにはどのように成長してほしいですか。

【志願者】
・お名前を教えてください。
・誕生日、年齢、住所、電話番号を教えてください。
・幼稚園（こども園など）の担任の先生のお名前を教えてください。
・幼稚園（こども園など）ではよく何をして遊びますか。
・ご両親とはお休みの日、何をして遊びますか。
・ご両親のどちらが怒ると怖いですか。
・将来、何になりたいですか。

〈時間〉　約15分

〈解答〉　省略

［2020年度出題］

学習のポイント

当校の面接は、面接官が２名。時間は約15分です。内容自体は特に変わったことが聞かれることはなく、志望理由や休日にどのように過ごすか、というような一般的に面接で聞かれることがほとんどです。ですから、過去問題を見て、どのような質問をされるのかという程度の対策をとって臨めば問題はありません。その際、お互いの教育観を確認するようにしてください。答えがそれぞれの親で違っていると、しっかりと教育に対して話し合いがされていない家庭だと評価されかねません。

【おすすめ問題集】

新小学校受験の入試面接Ｑ＆Ａ、面接テスト問題集、面接最強マニュアル

2019年度以前の過去問題

問題12　分野：言語（クロスワード）

語彙　考え

〈準 備〉　サインペン

〈問 題〉　上の段の見本を見てください。左の四角の中のマス目には、右の四角の中の絵の名前が入ります。見本では、縦に「スズメ」が入り、横に「メダカ」が入ります。また、太く囲まれたマス目には同じ音が重なって入ります。見本では「め」の音が入ります。その時、使われなかった絵を右の四角の中から選んで○をつけます。見本と同じように、下の問題に答えてください。

〈時 間〉　各40秒

〈解 答〉　下図参照

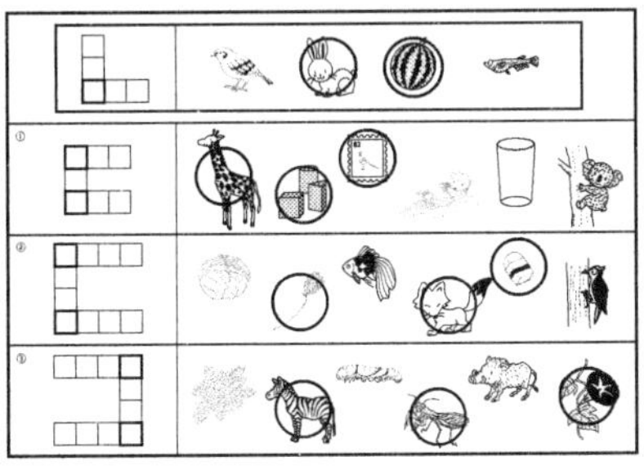

［2019年度出題］

学習のポイント

本問では、クロスワードと書いてあるので、保護者の方は何を問われているか理解できると思います。ただ、実際の試験では、そうした情報はありません。お子さまは問題を聞いて、解答用紙を見て、何を問われているのかを判断しなければいけません。その点が本問の最大のポイントになるでしょう。考え方としては、まず太い線のマスを手がかりにします。①の場合、左上の太線のマスは、縦横ともに頭音（言葉のはじめの音）が入ります。特に言葉が入る方向は指示されていませんが、横書きは左から右、縦書きは上から下という向きで考えていきます。選択肢の中で頭音が同じものは、「コアラ、コップ」と「キリン、切手」になります。その次に左下の太線のマスに入る音を考えると、先ほど選んだ4つの言葉の尾音（言葉の最後の音）のどれかが入ります。「ら」「ぷ」「ん」「て」から始まる言葉を探すと「ラッコ」が当てはまります。このように頭の中でクロスワードを完成させてから答えるのではなく、一語一語のつながりで考えた方がわかりやすいでしょう。分けることによって、シンプルに考えることができるようになります。また、○をつけるのは使わないものです。せっかく正解にたどり着いてもケアレスミスをしては、意味がありません。最後まで気を抜かずに取り組みましょう。

【おすすめ問題集】

Ｊｒ・ウォッチャー17「言葉の音遊び」、18「いろいろな言葉」、49「しりとり」、60「言葉の音（おん）」

問題13　分野：図形（重ね図形・点図形）

観察　集中

〈準 備〉　サインペン

〈問 題〉　左の四角の中の２つ形を比べて、足りないところを右の形に書いてください。間違えてしまった時は、×印をつけて、１番右の形に新しく書き直してください。

〈時 間〉　各１分

〈解 答〉　下図参照

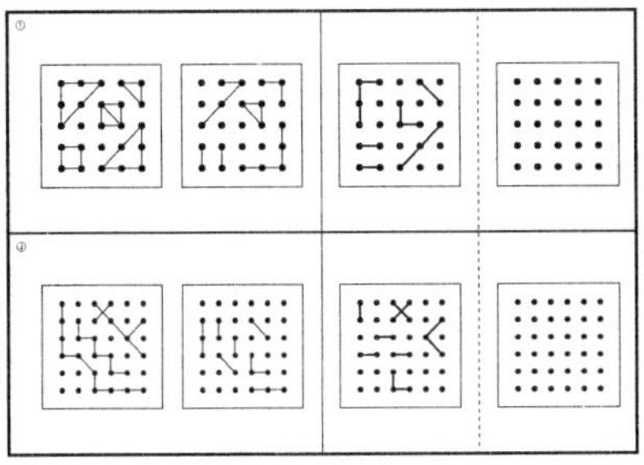

［2019年度出題］

学習のポイント

本問は、重ね図形と点図形の複合問題なのですが、２つの図形を重ねて１つの図形にする、一般的な重ね図形ではなく、１つの図形を２つに分けるというという「逆重ね図形」になっています。解答も選択肢から選ぶのではなく、実際に書かなければいけないので、手間がかかる分、時間も気にしなければいけません。難しいことが問われているわけではないのですが、処理しなければいけないことが多いので、速さと正確さが必要になります。予備の解答欄が用意されていることからも、間違えることが多いということがわかります。独特の出題方法なので、しっかりと対策をしておかないと、本番で慌てることになってしまいます。一般的な重ね図形の問題を学習する時に、この「逆重ね図形」もやってみましょう。いつもとは違った形で問題に取り組むことで、重ね図形の学習にもプラスになります。

【おすすめ問題集】

Ｊｒ・ウォッチャー１「点・線図形」、35「重ね図形」

問題14　分野：言語・常識（頭音、仲間探し）

語彙　知識

〈準　備〉　サインペン

〈問　題〉　上の四角の絵とはじめの音が同じものに○、同じ仲間のものに×を、下の四角の中から選んでつけてください。

〈時　間〉　各30秒

〈解　答〉　下図参照

［2019年度出題］

学習のポイント

頭音が同じものに○（言語）、同じ仲間のものに×（常識）をつけるという、異なる分野の問題に答えなければいけません。指示をしっかり聞いて間違えないこと、言語問題と常識問題の頭の切り替えをしっかりすることが必要になってくるでしょう。もし、お子さまがうまく切り替えられないようでしたら、まずは頭音が同じものをすべて解いて、次に同じ仲間のものを解くという形で、まずは答えさせてください。また、正解は１つだけとは限らないので、すべての選択肢を確認するくせをつけるようにしてください。「同じ仲間のもの」に関しては、一般的な解答となります。お子さまが別の解答（同じ音の数など）をして、保護者の方が納得できるようなら、その答えも認めてあげてください。その上で、ここで問われている仲間というのは、植物や生きもののことなんだ、という方向に導いていくようにしましょう。

【おすすめ問題集】

Ｊｒ・ウォッチャー11「いろいろな仲間」、17「言葉の音遊び」、
18「いろいろな言葉」、60「言葉の音（おん）」

問題15　分野：常識（時間の流れ）

知識　観察

〈準　備〉　サインペン

〈問　題〉　右の４つ絵を、時間の流れにそって並べ替えた時、「？」に入る絵はどれでしょうか。選んで○をつけてください。

〈時　間〉　各30秒

〈解　答〉　①右から２番目　②右から２番目　③右端　④左から２番目

［2019年度出題］

学習のポイント

さまざまな知識が問われる常識問題です。①の童話や昔話などは、お話を知らないと解くことが難しいので、読み聞かせなどを通じて、知っておきたい知識です。ちなみに、①は、「みにくいアヒルの子」です。②④は、理科知識になりますが、雪が解ける様子や植物の成長の様子は、お子さまにとって身近なことなので、知識というよりも経験として知っているかもしれません。③に関しては、常識というよりも論理的な思考力が問われる問題と言えるでしょう。正しい流れは、「ボールが木にひっかかって届かない（左から２番目）」→「ボールを取るためにほうきを持ってくる（右から２番目）」→「ほうきでボールを落とす（右端）」→「ボールが取れる（左端）」です。４枚の絵を１つのお話としてつなげられれば、正解を見つけられるでしょう。「お話作り」の問題にも共通する部分ですが、絵と絵の間をどうつなげるかがポイントになります。ただ、本問の場合、経験的な部分で流れがわかるお子さまも多かったのではないでしょうか。

【おすすめ問題集】

Ｊｒ・ウォッチャー12「日常生活」、13「時間の流れ」、
27「理科」、55「理科②」、１話５分の読み聞かせお話集①・②

問題16　分野：常識（道具）　知識

〈準備〉　サインペン

〈問題〉　①転んでケガをした時に使うものはどれでしょうか。選んで○をつけてください。
②暗い場所で落とし物をした時に使うものはどれでしょうか。選んで○をつけてください。
③雨が降っている時に使うものはどれでしょうか。選んで○をつけてください。
④ごはんを食べる時に使うものはどれでしょうか。選んで○をつけてください。

〈時間〉　各30秒

〈解答〉　①左から２番目　②右から２番目　③右端　④左端

［2019年度出題］

学習のポイント

本問は、学習ではなくふだんの生活を問われている問題と言えるでしょう。ケガをした時に使うものなど、日常生活の中でよくある状況が出題されている意味を考えると、知識だけでなく、年齢なりの経験や生活力を観たいということなのではないでしょうか。こうした、いわゆる受験知識とは違った部分の出題が増えつつあります。受験する側からすれば、学習しなければいけない範囲が広がることもなるので、どう対策をとればよいのか考えてしまいます。ただ、学校側が求めているのは、年齢なりの生活力なので、こうしたところまで学習としてとらえることはありません。本問で問われていることも、普通に生活をしていればわかる問題です。きちんと学習すべきものと、自然と身に付けていくべきものを分けて、全部が受験のための学習とならないように、お子さまを見守ってあげてください。

【おすすめ問題集】

Ｊｒ・ウォッチャー12「日常生活」、30「生活習慣」
60「言葉の音（おん）」

問題17　分野：お話の記憶

聞く　集中

〈準備〉　サインペン

〈問題〉　お話を聞いて、後の質問に答えてください。

今日は動物幼稚園の遠足で水族館に行きます。仲良しの５人組のタヌキくん、クマくん、ウシくん、ウサギくん、ネコくんたちは、遠足の日が来るのをずっと楽しみにしていました。「ぼくはペンギンが見たいな」とネコくんが言うと、「ぼくはラッコが見たい」とクマくんが言いました。何を見ようか、今から盛り上がっています。水族館へはバスに乗って行きます。担任のヤギ先生がみんな乗っていることを確認して出発です。園長のカバ先生も見送りに来ています。「行ってらっしゃい」と、大きな声でみんなを送り出しました。バスの中では、まだ見たいものの話をしています。
バスの中から、チューリップがたくさん咲いている場所が見えました。ここからは歩いて水族館に向かいます。ヤギ先生を先頭にウシくん、クマくん、タヌキくん、ネコくん、ウサギくんの順番で１列になって公園を歩いています。歩いている途中に大きなサクラの木がありました。きれいな花が咲いています。ウシくんはそのサクラの枝を折って、「すごくいい匂いだよ」と、クマくんに渡しました。「木の枝を折っちゃいけないんだよ」とネコくんが言うと、タヌキくんは「匂いをかぐだけだから大丈夫だよ」と言い、ウサギくんは「こんなに大きな木なんだから少しくらい折っても平気だよ」と言いました。
水族館に入ると、すぐに大きな水槽がありました。その中には、サメ、エイ、イワシなど、たくさんの魚が泳いでいます。とても大きな水槽なので、目の前にサメが迫ってくると、「怖い」という声があちこちから聞こえました。水族館には大きな水槽だけでなく、小さな水槽もあります。その中には、クマノミが５匹とイソギンチャクが２匹入っていました。「クマノミはイソギンチャクに食べられないの」とウサギくんが聞くと、ヤギ先生は、「クマノミとイソギンチャクは、いっしょに仲良く暮らしているんだよ」と教えてくれました。お昼ごはんを食べた後は、海の生きものがいるところに来ました。ペンギンは陸上では頼りなさそうにヨチヨチ歩いていて、とてもかわいい姿です。ですが、水の中ではすごく速くて、泳ぎも上手でした。
楽しく水族館を見ているうちに、もう帰る時間になってしまいました。「まだ、ラッコを見てないのに……」というクマくんの声も届かず、水族館を出てバスに乗り込みます。みんな疲れてしまったのか、帰りのバスの中では寝ている動物たちもいます。「また行きたいね」とネコくんが言うと、みんな大きくうなずいています。楽しい時間はあっという間に過ぎて、いい思い出になりました。

①「ラッコが見たい」と言ったのは誰でしょうか。四角の中から選んで○をつけてください。
②このお話の季節はいつでしょうか。同じ季節のものを、四角の中から選んで○をつけてください。
③水族館で１番最後に見たものは何だったでしょうか。四角の中から選んで○をつけてください。
④公園を歩いている時に、正しいことを言った動物に○、間違ったことを言った動物に×をつけてください。
⑤次の文が正しければ○、間違っていたら×を、それぞれの記号につけてください。
☆「担任の先生はカバ先生です」
△「公園を歩いている時、仲良し５人組の真ん中にいたのはタヌキくんです」
□「小さい水槽にいたのは、クマノミ５匹とイソギンチャク２匹です」

〈時間〉　①②③各15秒　④⑤各30秒

〈解答〉　下図参照

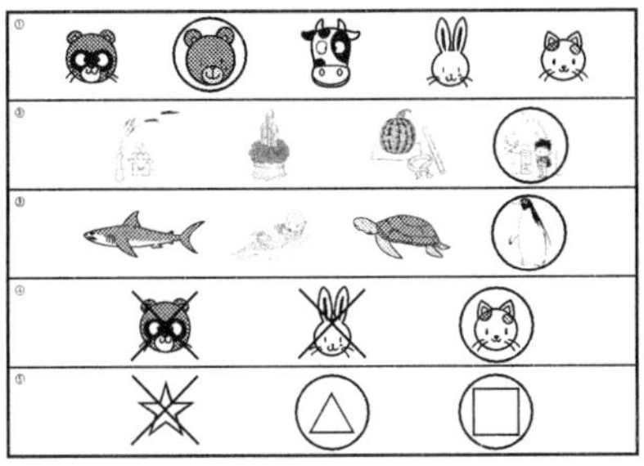

［2019年度出題］

学習のポイント

お話も長く、問題も多く、問題の内容も難しい、お話の記憶です。登場人物の多さ、見たものの多さ、会話の内容、季節、順番など、覚えなければいけない要素がたくさんあります。本問をすべて正解できるお子さまはほとんどいないと思われるので、できなかったからといって、お話の記憶に対して苦手意識を持つことはありません。自分の覚えている範囲のことを確実に正解するようにして、後は運にまかせるくらいの気持ちで臨んでください。「運にまかせる」などと書くのはどうかとも思いますが、「全然できなかった」という気持ちをひきずってしまう方が、本番では大きなダメージになってしまいます。もし、入学試験本番で「できない」「わからない」となった時に、できるだけ前向きに切り替えられる気持ちも大切です。「自分ができないものは、ほかの人もできない」くらいの気持ちでよいでしょう。ただし、そうした考えはベストをつくした上での話です。まずは、しっかりと基礎的な学力を身に付けることから始めましょう。

【おすすめ問題集】

１話５分の読み聞かせお話集①・②、１話７分の読み聞かせお話集入試実践編①、お話の記憶 初級編・中級編・上級編、Ｊｒ・ウォッチャー19「お話の記憶」

家庭学習のコツ③　効果的な学習方法～問題集を通読する

過去問題集を始めるにあたり、いきなり問題に取り組んではいませんか？　それでは本書を有効活用しているとは言えません。まず、保護者の方が、すべてを一通り読み、当校の傾向、ポイント、問題のアドバイスを頭に入れてください。そうすることにより、保護者の方の指導力がアップします。また、日常生活のさまざまなことから、保護者の方自身が「作問」することができるようになっていきます。

問題18　分野：数量（選んで数える、一対多の対応）　観察　集中

〈準　備〉　サインペン

〈問　題〉　①１番数が多い生きものはどれでしょうか。右の四角の中の絵に〇をつけてください。また、その数の分だけ四角の中に〇を書いてください。
②レモン３個とブドウ２個とイチゴ１個を配ります。何人に配ることができるでしょうか。その数の分だけ四角の中に〇を書いてください。

〈時　間〉　①１分　②１分30秒

〈解　答〉　①右端（アリ）に〇、〇：10　②〇：４

［2019年度出題］

学習のポイント

単純な図形ではなく、絵がランダムに並んでいるので、ぱっと見ただけでいくつあるかをつかむことは難しいでしょう。となると１つひとつ数えていかなければいけないのですが、数が多いので速さが必要となります。解答時間を考えると、余裕を持って確認する時間はないので、１回できっちり数えなければいけないでしょう。数える方向は、それぞれにやりやすさがあるので上から下でも、左から右でも構いませんが、常に同じ方向に数えるようにしてください。また、集中しすぎて解答用紙に顔を近づけてしまうと、視野が狭くなるので、全体をしっかりと見渡せるように、少し離して見るようにしましょう。②では、数えた後に分けるという作業が加わります。まず、分けるということがどういうことなのかをしっかりと理解しておきましょう。実際に何人に配れるのか、おはじきなどを使ってやってみます。頭の中で何となく理解していたものが、具体的な形として見えることで、イメージがしやすくなります。頭で考えることと、実際におはじきなどを動かすことを、行ったり来たりすることで、深い理解へとつながっていくようになります。

【おすすめ問題集】
Ｊｒ・ウォッチャー37「選んで数える」、42「一対多の対応」

問題19　分野：推理

考え　観察

〈準 備〉　サインペン

〈問 題〉　①ライオンさんはトラさんより足が速いです。ウマさんはトラさんより足が遅いです。１番足の速いのは誰でしょうか。選んで○をつけてください。
②４人の動物がいっしょにお家に帰ります。ヒツジさんはブタさんより早く家に着きました。タヌキさんは家に着くのが最後でした。コアラさんはブタさんより遅く家に着きました。１番早く家に着いたのは誰でしょうか。選んで○をつけてください。また、コアラさんは何番目にお家に着いたでしょうか。その順番の数だけ、下の四角の中に●を書いてください。
③４人の動物が背比べをしました。１番背が高いのはクマさんで、１番背が低いのはゾウさんです。カバさんはゴリラさんより背が高いです。１番背の低い動物の下の四角の中に●を書いてください。できたら、背の低い順番に、●を１つずつ増やして書いてください。

〈時 間〉　①30秒　②40分　③１分

〈解 答〉　下図参照

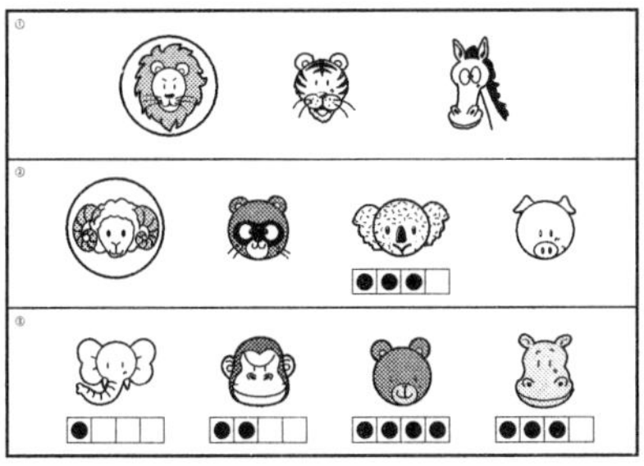

［2019年度出題］

学習のポイント

「足が速い」「早く着く」「背が高い」と言葉は違いますが、順位をつけるという意味ではすべて同じです。つまり、誰が１番で、誰が２番で、誰が３番で……、ということになります。なので、問題にそって、選択肢にある３匹（４匹）を頭の中で並べ替えて、順位をつけていけばよいのです。頭の中でできない場合は、人形などを使って実際に並べてみましょう。問題を聞きながら、人形を入れ替えていくことで、頭の中にイメージを描きやすくなってきます。そうした操作を繰り返すことで、頭の中で人形を動かすことができるようになるのです。単純に順位をつけていくという方法をとることで、シンプルに考えられるようになり、解答のスピードも上がっていきます。ちなみに、推理問題としてよく出題されるシーソーも同じ考え方でとらえることができます。

【おすすめ問題集】
Ｊｒ・ウォッチャー31「推理思考」

問題20　分野：図形（座標の移動）

観察　考え

〈準備〉　サインペン

〈問題〉　上の段の絵を見てください。マスの上の方から下の方へ、「△」や「×」などが落ちてきます。落ちた形は、１番下から順番に溜まります。同じ形が２つ横に並んだ時、その２つは消えて、上の形がもう１度下に落ちてきます。もう１度落ちた形は、横に２つ並んでも消えません。上の段の絵は、最後にどうなりますか。下の段の絵の中から選んで○をつけてください。

〈時間〉　各１分

〈解答〉　①左下　②左上　③右下

［2018年度出題］

学習のポイント

指示に従い、記号が移動した最後の形を選ぶ問題です。複雑な指示を聞いて理解できるか、イメージの中で図形を操作することができるかなどが観られています。ルールは次の３つです。「縦の列に並んでいる記号が、１番下の段から順番に並ぶ」、「同じ記号が横に隣り合ったら、その記号は消える」「消えた記号のマスに、その上のマスの記号が落ちる」。さらに「消えた記号のマスに落ちたことにより、同じ記号が隣り合っても、消えない」という注意事項があります。以上を踏まえ、「記号がすべて落ちきった形」、「その中から、隣り合った記号を消した形」、「記号が消えたマスに、その上の記号が落ちた形」とイメージすると、正解に近づきます。実際の入試ではサインペンを使用するため、解答用紙にメモを書きながら考えることはできません。「○」や「△」が下に落ちる様子をイメージできないようであれば、そのような記号が書いてあるカードを作って、ルール通りに動かしてみせましょう。保護者の方は、お手数とは思いますが、おはじきなどの具体物を使ったり、紙に書いたりして見せてあげてください。図形をイメージ上で操作することは、幼児にとってかなり難しい作業ですから、手間を惜しまず何度も類題に取り組ませてください。

【おすすめ問題集】

Ｊｒ・ウォッチャー５「回転・展開」、47「座標の移動」

家庭学習のコツ④　効果的な学習方法～お子さまの今の実力を知る

１年分の問題を解き終えた後、「家庭学習ガイド」に掲載されているレーダーチャートを参考に、目標への到達度をはかってみましょう。また、あわせてお子さまの得意・不得意の見きわめも行ってください。苦手な分野の対策にあたっては、お子さまに無理をさせず、理解度に合わせて学習するとよいでしょう。

西武学園文理小学校　専用注文書

年　　月　　日

合格のための問題集ベスト・セレクション

＊入試頻出分野ベスト３

1st　言　語
語　彙　｜　知　識

2nd　図　形
考える力　｜　観察力

3rd　記　憶
聞く力　｜　集中力

例年、当校独特の難問が数問出題されるので、しっかりと対策をしておきましょう。ただし、基礎的な学習をした上での対策でなければ意味がないので、まずは基礎を固めるところから始めましょう。

分野	書　名	価格(税抜)	注文	分野	書　名	価格(税抜)	注文
図形	Ｊｒ・ウォッチャー１「点・線図形」	1,500円	冊	図形	Ｊｒ・ウォッチャー35「重ね図形」	1,500円	冊
図形	Ｊｒ・ウォッチャー５「回転・展開」	1,500円	冊	数量	Ｊｒ・ウォッチャー36「同数発見」	1,500円	冊
図形	Ｊｒ・ウォッチャー８「対称」	1,500円	冊	数量	Ｊｒ・ウォッチャー37「選んで数える」	1,500円	冊
図形	Ｊｒ・ウォッチャー９「合成」	1,500円	冊	数量	Ｊｒ・ウォッチャー42「一対多の対応」	1,500円	冊
常識	Ｊｒ・ウォッチャー11「いろいろな仲間」	1,500円	冊	図形	Ｊｒ・ウォッチャー46「回転図形」	1,500円	冊
常識	Ｊｒ・ウォッチャー12「日常生活」	1,500円	冊	図形	Ｊｒ・ウォッチャー47「座標の移動」	1,500円	冊
数量	Ｊｒ・ウォッチャー14「数える」	1,500円	冊	言語	Ｊｒ・ウォッチャー49「しりとり」	1,500円	冊
数量	Ｊｒ・ウォッチャー16「積み木」	1,500円	冊	常識	Ｊｒ・ウォッチャー55「理科②」	1,500円	冊
言語	Ｊｒ・ウォッチャー17「言葉の音遊び」	1,500円	冊	言語	Ｊｒ・ウォッチャー60「言葉の音（おん）」	1,500円	冊
言語	Ｊｒ・ウォッチャー18「いろいろな言葉」	1,500円	冊		面接テスト問題集	2,000円	冊
記憶	Ｊｒ・ウォッチャー19「お話の記憶」	1,500円	冊		面接最強マニュアル	2,000円	冊
巧緻性	Ｊｒ・ウォッチャー24「絵画」	1,500円	冊		１話５分の読み聞かせお話集①・②	1,800円	各　冊
常識	Ｊｒ・ウォッチャー27「理科」	1,500円	冊		お話の記憶問題集 初級編	2,600円	冊
推理	Ｊｒ・ウォッチャー31「推理思考」	1,500円	冊		お話の記憶問題集 中級編・上級編	2,000円	各　冊

合計	冊	円

（フリガナ） 氏　名	電　話 ＦＡＸ E-mail
住 所　〒　　　－	以前にご注文されたことはございますか。 有　・　無

★お近くの書店、または記載の電話・FAX・ホームページにてご注文をお受けしております。
電話：03-5261-8951　FAX：03-5261-8953　代金は書籍合計金額＋送料がかかります。
※なお、落丁・乱丁以外の理由による商品の返品・交換には応じかねます。

★ご記入頂いた個人に関する情報は、当社にて厳重に管理致します。なお、ご購入の商品発送の他に、当社発行の書籍案内、書籍に関する調査に使用させて頂く場合がございますので、予めご了承ください。

日本学習図書株式会社
http://www.nichigaku.jp

星野学園小学校を志す皆さまへ

●伝統に裏付けられた個性豊かな校風

星野学園の伝統は、1897年（明治30年）に開かれた「星野塾」という私塾に始まります。創立者星野りちは、「誰もが公平に知識や技能習得の機会を得ることとともに、よき人格の育成を目指した全人教育・教養教育」を理念とし、この川越の地から多くの人材を輩出してきました。そして、優れた知性とともに、健やかな身体と豊かな心をバランスよく育むのが真の教育だと考え、120年以上貫き、実践してきました。

●家庭教育と学校教育の調和で豊かな人間性を育む

幸福で充実した貴重な６年間を、過ごせるように、子どもたちの成長をうながします。それには、家庭教育と学校教育の調和が重要です。本校には、子どもらしく伸びやかに活動できる環境や多彩な行事や生き生きとした交流の中で、自分と他者の命や意見を尊重する心を養う校風、そして、子どもたちの好奇心に応え、学ぶ楽しさを知るたくさんの機会があります。これらは星野学園が長い伝統の中で築いてきた特色です。それと同時に、我々は、ご家庭でもしっかりとお子様を躾け、育てるという自覚を、保護者の方に求めています。大切なお子様を共に育てる喜びや悩みを、保護者の皆様方と分かち合いたいのです。

●最後に

「全員が主役」を合言葉に、児童一人ひとりの個性を大切にし、時代に流されることなく、豊かな知性と教養・品格を備えた、これからの社会を担っていく人財の育成を目指します。

星野学園小学校　学校長　　星野　誠

※問題を始める前に、巻頭の「本書ご使用方法」「本書ご使用にあたっての注意点」をご覧ください。
※本校の考査は、クーピーペンを使用します。間違えた場合は、×（バツ）印で訂正し、正しい答えを書くよう指導してください。

保護者の方は、別紙の「家庭学習ガイド」「合格ためのアドバイス」を先にお読みください。当校の対策および学習を進めていく上で、役立つ内容です。ぜひ、ご覧ください。

〈星野学園小学校〉

2020年度の最新問題

問題21　分野：お話の記憶

聞く　集中

〈準　備〉　クーピーペン（12色）

〈問　題〉　お話を聞いて、後の問いに答えてください。

クマ太郎の家族は、新しい家へ引っ越すことになっています。今日はその新しい家が出来上がったということでみんなで見に行くことにしました。お父さんが車を運転をし、さっそく向かいました。妹のクマ子は、はじめて自分の部屋を持てるのでとても楽しみにしていました。クマ太郎たちは新しい家に着いて、さっそく中を見ました。以前住んでいた家よりも大きいので、クマ太郎とクマ子は大はしゃぎです。お母さんがキッチンに立っていたので、クマ太郎は「お母さん、そのキッチンすごく似合っているよ」と言いました。するとお母さんはうれしそうに「これからおいしいものいっぱい作るね」と言いました。お父さんが「そうだ、クマ子の部屋に置くベッドを買わないといけないな」と言ったので、みんなで家具屋へ行くことにしました。「さあ、みんな出発だよ」と車を走らせようとした時、隣の家のイヌの夫婦が出てきたので、みんなでその夫婦にあいさつをしました。とても優しそうな人たちで、家族みんな安心しました。イヌのおじさんがクマ子に「よかったらどうぞ」と赤い風船を渡してくれました。クマ子は「ありがとう」と言いました。イヌの夫婦と別れた後、家具屋へ向かいました。家具屋の前にはアジサイがたくさん咲いていてとてもきれいでした。ベッドコーナーへ行き、いろいろなベッドを見ていましたが、クマ子はあまりうれしそうではありません。クマ太郎が「どうしたの？」と聞くと、「ベッドを買うと１人で寝ないといけないでしょ？　クマ子、まだお母さんといっしょに寝たい」と言うので、お父さんは「そっか、じゃあベッドを買うのはやめて、みんなで座れるソファを買おう！」と言い、とても大きいソファを買うことにしました。家具屋から出て、お母さんが「せっかくだし、今日はレストランへ行って食べて帰りましょう」と提案したので、帰りにレストランへ行きました。お父さんはハンバーグ、お母さんはスパゲッティ、クマ太郎はオムライス、クマ子はラーメンを食べて家へ帰りました。

（問題21－１の絵を渡す）
①クマ太郎の家族は何人ですか。四角の中にその数だけ、青のクーピーペンで○を書いてください。
②隣の家に住んでいるのはどの動物ですか。四角の中から選んで、だいだい色のクーピーペンで○をつけてください。
③クマ子は何色の風船を隣の家の人からもらいましたか。絵にその色を塗ってください。
（問題21－２の絵を渡す）
④このお話の季節はいつですか。四角の中から選んで、茶色のクーピーペンで○をつけてください。
⑤クマ太郎の家族が家具屋で買ったものは何ですか。四角の中から選んで、黄緑のクーピーペンで○をつけてください。
⑥クマ太郎がレストランで食べたものは何ですか。四角の中から選んで、黒のクーピーペンで○をつけてください。

〈時　間〉　各20秒

〈解　答〉　①○：４　②左から２番目（イヌ）　③赤色に塗る
④右から２番目（夏：蚊取り線香）　⑤左端（ソファ）
⑥左から２番目（オムライス）

［2020年度出題］

学習のポイント

当校のお話の記憶は質問数が多いのが特徴です。質問自体も季節や色を塗るということが例年よく聞かれているので、それらに注意してお話を聞き取るようにしてください。このお話の記憶のように、質問が多いとお話を整理することが難しくなってしまいます。「○○が何をした」ということを意識して、聞き取るようにしてください。その際、頭の中で絵にすると記憶しやすくなります。例えば、クマ太郎の家族が新しい家から出たら、隣の家のイヌの夫婦を見かけた。家族であいさつをしたら、クマ子は赤い風船をもらった」という流れをイメージします。このようにお話の流れを絵にする意識をするだけでも、お話を記憶しやすくなります。

【おすすめ問題集】
１話５分の読み聞かせお話集①・②、お話の記憶 初級編・中級編、
Ｊｒ・ウォッチャー19「お話の記憶」

問題22　分野：数量（ひき算）

観察　集中

〈準 備〉　クーピーペン（赤）

〈問 題〉　チョウチョが１匹ずつ花の蜜を吸います。チョウチョがすべての花の蜜を吸う場合、チョウチョはあと何匹必要でしょうか。その数だけ下の四角に○をつけてください。

〈時 間〉　１分30秒

〈解 答〉　①○：２　②○：５

［2020年度出題］

学習のポイント

チョウチョと花の数の差を見つける問題です。その差を「ひき算」してくださいと言えば、この年齢のお子さまは理解できるでしょう。描かれているものはどれも10以下の数なので、一見すればいくつか答えられるでしょう。ですからお子さまが間違えるのであれば、それぞれの数の差を出す時ではないでしょうか。この問題は２通りの解き方があります。１つ目は、それぞれの数を数えてからその差を引くという方法です。①で具体的に言うと、チョウチョを３匹、花を５つ数えてからそれらの数を引きます。２つ目は、チョウチョと花１つをセットとして数え、余りを出すという方法です。この方法で②を解いていけば、花が５つ余ることから、チョウチョが５匹必要ということがわかります。お子さまが解きやすい方法を見つけ、それを繰り返し学習をしていけば問題はないでしょう。

【おすすめ問題集】

Ｊｒ・ウォッチャー14「数える」、37「選んで数える」

問題23　分野：数量（一対多の対応）

聞く　考え

〈準 備〉　クーピーペン（赤）

〈問 題〉　３台の車には、いくつタイヤが必要でしょうか。１台分ずつ○をつけてください。

〈時 間〉　１分

〈解 答〉　下図参照（一例）

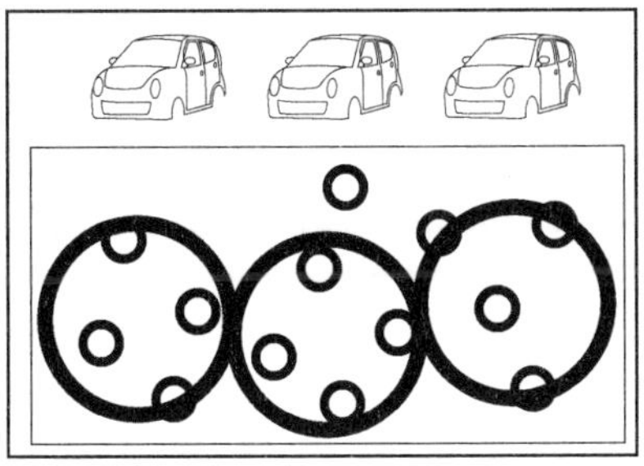

［2020年度出題］

学習のポイント

まず、車のタイヤは４つで１台分ということをわかっていることが前提で問題が出題されています。１台分（タイヤ４つ）に○をつけてくださいと指示があるので、その○の中にタイヤが４つ、そしてその○が３つあれば正解です。この前提さえわかっていれば、あまり難しくない問題です。この問題で注意しておきたいのは、指示の聞き間違いでしょう。指示を聞き間違えて、タイヤ１つずつに○をつけてしまったなどのケアレスミスは注意しましょう。その○の数が12個で合っていても、正解にはなりませんし、かなりもったいないことです。よく指示を聞いてから問題を解き始める、という当たり前のことをきちんと取り組めるように意識していきましょう。

【おすすめ問題集】
Ｊｒ・ウォッチャー42「一対多の対応」

問題24　分野：推理（迷路）

観察　考え

〈準 備〉　クーピーペン（赤）

〈問 題〉　迷路を進んでいき、●のところへたどり着ける動物はどれでしょうか。下の四角の中からその動物に○をつけてください。

〈時 間〉　１分

〈解 答〉　サル

［2020年度出題］

学習のポイント

ここで観られている点はすぐにどの方向が正しいか見つけられるかどうかです。迷路を見てみると、迷路の始点となる動物が８匹います。それぞれの動物から１つずつ迷路を始めていっては、おそらく解答時間内にすべての動物までに手が回らないでしょう。ですから、終わりからはじまりへと逆行して進んでいけばすぐにその方向がわかります。この迷路の問題はこの方法で解いていけば構いませんが、始点が１つしかない迷路の場合は、観点が変わってきます。そのような迷路の場合、線をきれいに引くことなどの運筆の要素が観られていると思ってください。

【おすすめ問題集】
Ｊｒ・ウォッチャー７「迷路」

問題25　分野：推理（置き換え）

集中　観察

〈準備〉　クーピーペン（赤）

〈問題〉　この問題の絵は縦に使用してください。
上の条件を見てください。ペットボトル１本、コップ２つ、ワイングラス４つは置き換えることができます。では、左の太い四角の中のものは右の四角の中のどれと置き換えることができるでしょうか。○をつけてください。

〈時間〉　１分

〈解答〉　①左から２番目　②左から２番目　③左から２番目

[2020年度出題]

学習のポイント

上の条件に沿って、ものを置き換える問題です。この問題を解く時のポイントとしてはもの１つに対して置き換える数を把握しておくということです。ペットボトルはコップ２つ分、コップはコップ２つがワイングラス４つと置き換えられることから、ワイングラス２つ分、ワイングラスは２つからでないとコップ１つ分と置き換えることができない、ということを把握して問題に取り組んでいきましょう。このようにして解いていけば①は、ワイングラス２つ分の置き換えを聞いているので、コップ１つとすぐに正解を導き出すことができます。②③も同様に取り組んでいけばよいということです。この説明でお子さまが理解していないようであれば、実際におはじきなどを使って、数を置き換えてみましょう。ペットボトルを青、コップを赤、ワイングラスを黄色のおはじきに置き換えて、おはじきの数の変化を確認しましょう。お子さまはおはじきの色の変化を確認することで、「置き換え」るということを理解していきます。

【おすすめ問題集】
Ｊｒ・ウォッチャー57「置き換え」

問題26　分野：推理（系列）

観察　考え

〈準備〉　クーピーペン（赤）

〈問題〉　この問題の絵は縦に使用してください。
①の絵を見てください。左の動物たちはあるお約束にしたがって動いています。下の？の四角にはどのように動物たちが並んでいるでしょうか。右の四角の中から正しいものに○をつけてください。②も同じように選んでください。

〈時間〉　１分

〈解答〉　①下から２番目　②上から２番目

[2020年度出題]

学習のポイント

ある「お約束」にしたがって動いている動物たちの並び方を答える「系列」の問題です。次の動きを推測するためには動き方の「お約束」を見つけなければいけません。①を見てみると、上の段の動物の並びが「ネコ、ウサギ、ネズミ、ゾウ」の順番です。次にその下を見ると、「ウサギ、ネズミ、ゾウ、ネコ」。さらに下を見ると「ネズミ、ゾウ、ネコ、ウサギ」と動物が移動していることがわかります。つまりここでの「お約束」は動物たちが１つずつ左へ進み、左端まできた動物は右端へ行くということがわかります。このお約束を踏まえれば、答えは「下から２番目」ということがわかります。言葉で説明しにくいならば、それぞれの動物をおはじきなどに置き換えて、実際に動かして見てみるとお子さまは理解が深まりますのでやってみてください。

【おすすめ問題集】

Ｊｒ・ウォッチャー６「系列」

問題27　分野：図形（鏡図形）　観察　考え

〈準備〉　クーピーペン（赤）

〈問題〉　**この問題の絵は縦に使用してください。**
上の記号を鏡で見るとどのように見えますか。下の四角から選んで○をつけてください。

〈時間〉　30秒

〈解答〉　①左下　②右上

［2020年度出題］

学習のポイント

上の図形を鏡に映したらどのように見えるか答える「鏡図形」の問題です。鏡に映すと、上下はそのままですが、左右が反対になるという特徴があります。この特徴に注意して①の問題を見ると、正解は左下の図形だとわかるでしょう。この特徴をお子さまに理解させるには、実際にものを鏡に映すということをお子さまに経験させてから取り組ませましょう。最初からこの問題の類題をペーパー学習で何度もこなすよりは、実際に見てみることで、問題で聞かれている意味が理解しやすくなるからです。

【おすすめ問題集】

Ｊｒ・ウォッチャー48「鏡図形」

問題28　分野：図形（合成）

考え　観察

〈準 備〉　クーピーペン（赤）

〈問 題〉　この問題の絵は縦に使用してください。
上の四角の中の図形を作る時に、使わないパーツを下の四角から選んで○をつけてください。

〈時 間〉　１分30秒

〈解 答〉　下記参照

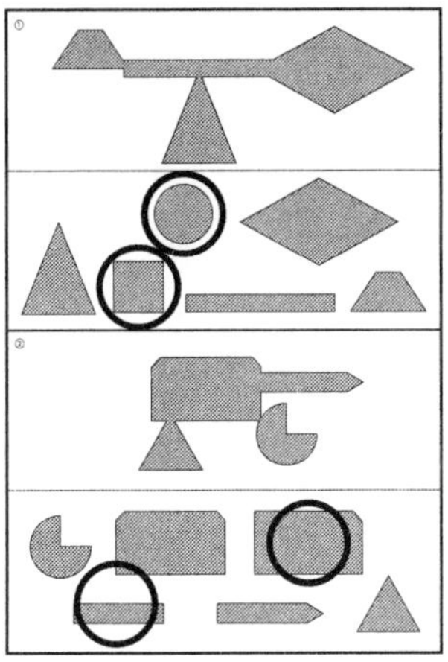

［2020年度出題］

学習のポイント

下のパーツを使って上の図形を作る時に、使わないパーツがどれか答える問題です。下の選択肢と見本の図形を見ればわかる通り、使われている図形がそのままの形でシルエットになっているので、どのパーツが使われているのかすぐに気付けると思います。この問題に限らず、どの図形分野の問題にも言えることですが、積み木やタングラムを使って、実際に図形を動かすことをしてみてください。この経験が１度でもあるのとないのとでは、図形に対する理解が違います。例えば、三角形と三角形をつなげると四角になるなどはペーパー学習で理解するよりは１度実際につなげて見るという経験をした方が効果的であるようにです。

【おすすめ問題集】

Ｊｒ・ウォッチャー９「合成」

問題29　分野：図形（四方からの観察）

観察　考え

〈準備〉　クーピーペン（赤）

〈問題〉　左の図形は、右の四角のどの図形を上から見たものでしょうか。正しいものに○をつけてください。

〈時間〉　1分30秒

〈解答〉　①左下　②右下

［2020年度出題］

学習のポイント

上から見下ろした図形をどれか見つける「四方からの観察」の問題です。この問題の絵を見ればわかる通り、図形というのは視点によって見え方が変わってきます。このことはお子さまにとってはイメージしながら答えなければならないので、保護者の方が思っている以上に難しいと言えます。ですから、そのイメージをしやすくするために、前問でも言っていますが「実物を使った学習」をして、図形に慣れていくというのが1番効率的な学習方法になります。問題と同じように積み木を立てて、さまざまな角度から見てください。角度によっては、手前にある積み木に隠れて見えないものがあるなどのさまざまな発見ができると思います。これらを実際に見ることで、次にペーパー学習でこの問題の類題を解く時に、問題を見ただけである程度のイメージがつかむことができます。

【おすすめ問題集】

Ｊｒ・ウォッチャー10「四方からの観察」、53「四方からの観察　積み木編」

問題30　分野：常識

観察　知識

〈準備〉　クーピーペン（赤）

〈問題〉　①卵を産む生きものに○をつけてください。
②そのまま口に運べる食べものに○をつけてください。
③さまざまな音を出す楽器に○をつけてください。

〈時間〉　1分

〈解答〉　①右端（ニワトリ）　②左から2番目（アイスクリーム）
③左端（ピアノ）

［2020年度出題］

学習のポイント

当校では常識分野の問題も、例年よく出題されています。特に決まったジャンルの常識が出題されるということはなく、ここでも①動物の産まれ方のような理科的なもの　②食器を使って食べるものなどの日常生活要素のもの　③楽器の知識が問われる一般常識のように幅広く出題されているのが特徴と言えます。常識分野の問題でお子さまが間違えても特に心配する必要はありません。知識量を増やせばよいだけです。最近ではインターネットなどで「触れる」機会が多く設けられるようになりました。わからないことがあれば、さまざまなメディアを駆使して、「触れる」ことを積極的に行っていきましょう。

【おすすめ問題集】

Ｊｒ・ウォッチャー11「いろいろな仲間」、12「日常生活」

問題31　分野：常識（日常生活）

知識

〈準備〉　クーピーペン（赤）

〈問題〉　①②左のものが棲息している場所で正しいものに○をつけてください。
③左のものをしまう場所で正しいものに○をつけてください。

〈時間〉　１分

〈解答〉　①左端　②真ん中　③左から２番目

［2020年度出題］

学習のポイント

この問題も前問同様に常識分野の問題です。前問と違う点をあげるならば、そのものの知識だけでなく、もう一歩踏み込んだ知識が求められるところです。①②は理科的な問題といえます。カブトムシや魚が棲息している場所を答えます。③の問題は①②と違って、ホウキをしまう場所を答えます。これは「知識」というよりは志願者がきちんと掃除をしているのかどうかも観られている問題と言えます。つまり、保護者の方が志願者をきちんと躾しているかどうかも間接的に観ている問題でしょう。

【おすすめ問題集】

Ｊｒ・ウォッチャー11「いろいろな仲間」、12「日常生活」、30「生活習慣」

問題32　分野：運動

集中　聞く

〈準 備〉　フープ、ゴムひも、カラーコーン

〈問 題〉　**この問題は絵を参考にしてください。**
下記のサーキット運動を行う。
①ケンケンパで進む。
②片足立ち（やめの合図があるまで）。
③連続でゴムとび。
④ジグザグに並べられたカラーコーンにタッチ。

〈時 間〉　適宜

〈解 答〉　省略

［2020年度出題］

学習のポイント

運動で１番大切なのは、運動神経でも、体力でもありません。もし、それらの力を測りたいのであれば、もっと高度な課題になっていくでしょう。小学校入試での運動の課題は、特別なトレーニングをしなくてもできるレベルのものがほとんどです。逆に言えば、できて当然というものなので、課題ができるかどうかで差がつくことはほとんどありません。差がつくのは、取り組む姿勢です。簡単だからといって手を抜いたり、指示を聞かずに始めてしまったりすれば、課題ができていたとしてもマイナス評価になります。つまり、選ぶためではなく、落とすための評価という側面が強いので、課題に取り組む姿勢を重視するようにしてください。

【おすすめ問題集】
新運動テスト問題集、Ｊｒ・ウォッチャー28「運動」

問題33　分野：制作・行動観察

協調　聞く

〈準 備〉　クレヨン、のり、Ａ６サイズ程度の画用紙、Ａ６サイズ程度の厚紙

〈問 題〉　**この問題の絵はありません。**
①画用紙に好きな動物の絵を描いてください。
②描き終わったら、のりで厚紙に貼ってください。
③先ほど描いた動物のものまねをしてください。
④ほかのお友だちは何の動物のものまねかを当ててください。

〈時 間〉　適宜

〈解 答〉　省略

［2020年度出題］

学習のポイント

レクリエーション的な要素の強い行動観察です。絵のうまさや、ものまねのうまさが評価されるということではないので、単純に楽しく遊ぶという姿勢でよいと思います。自分が動物のものまねをする時には一生懸命やって、お友だちがやっている時には積極的に当てにいきましょう。難しく考えないで、楽しむことも必要です。ただ、楽しみすぎてふざけてしまっては、マイナスの評価につながってしまうので注意しましょう。行動観察においては、「積極的に参加する」「指示をちゃんと聞く」ということがしっかりできていれば、それほど細かなことを気にしなくても問題ありません。「あれをしてはダメ」「これをしてはダメ」と言ってしばりつけてしまうと、積極的に行動できなくなってしまうので注意しましょう。

【おすすめ問題集】

新口頭試問・個別テスト問題集、新ノンペーパーテスト問題集

Ｊｒ・ウォッチャー23「切る・貼る・塗る」、24「絵画」

問題34　分野：面接

話す　聞く

〈準備〉　なし

〈問題〉　この問題の絵はありません。

【保護者】
- 本校を選んだ理由をお聞かせください。
- ご家庭で災害のご準備などはされていますか。
- 本校では剣道の授業がありますが問題ありませんか。
- お子さまが成長されたなと思ったのはどんな時ですか。
- 星野学園の説明会や公開授業で感じたことをお聞かせください。

【志願者】
- お名前を教えてください。
- 生年月日を教えてください。
- 幼稚園（こども園など）の担任の先生の名前を教えてください。
- 将来、どのような人になりたいですか。それはなぜですか。
- 夏休みに楽しかったことは何ですか。具体的に教えてください。

〈時間〉　約10分

〈解答〉　省略

［2020年度出題］

学習のポイント

当校の面接では、志望理由や説明会、公開授業で感じたこと以外にも家庭での災害の準備や入学後に行われる授業について聞かれました。特に剣道の授業について聞かれることは、当校の教育方針にもつながってくるものなので、しっかりと答えられるようにしておきましょう。入試に面接が含まれる学校では、学校の教育方針をどのように考えているのか、よく聞かれます。少しでも学校の雰囲気や教育方針を知るためには、必ず公開授業や説明会に参加するようにしましょう。というのも、学校によっては参加した回数を数えているところもあるからです。またそういった学校では、大半が公開行事の感想を求めてきます。

【おすすめ問題集】
新小学校受験の入試面接Q＆A、面接テスト問題集、面接最強マニュアル

2019年度以前の過去問題

問題35　分野：お話の記憶

聞く　集中

〈準 備〉　クーピーペン（12色）

〈問 題〉　お話を聞いて、後の問いに答えてください。

今日は、動物村のみんなでピクニックに行く日です。暑かった日がずっと続いていましたが、ようやく過ごしやすくなってきました。ピクニックにはちょうどいい季節です。
頂上が尖っている大きな山は、動物たちみんなが大好きな山です。そのふもとにあるひょうたんの形をした湖が、今回ピクニックの目的地です。湖に行くためには、その大きな山を越えて行かなければいけません。
まずは、バスに乗って、湖とは反対側の山のふもとまで行きます。バスには、前からウサギさん、ゾウさん、クマさん、サルくん、キツネくんの順番で座りました。そこから歩いて山を越え、湖に向かいます。山登りは大変ですが、みんなで登れば、疲れもどこかに飛んでいってしまいます。「湖では何をするの」とウサギさんが言うと、「ボート遊びはどう？」とキツネくんが答えました。サルくんは「ぼくは木登りがしたい」と言いました。みんな、湖でのピクニックをとても楽しみにしています。おしゃべりをしながら歩いているうちに、湖に到着しました。たくさん歩いたので、おなかがペコペコです。もう、お昼の時間になっていたので、さっそくお弁当を食べます。お弁当は、クマさんがカゴに入れて持ってきクルミをみんなで食べます。「たくさん持ってきたから、おなかいっぱい食べられるよ」とクマさんが言うと、みんな大喜びです。１番たくさんクルミを食べたのはゾウさんでした。その後は、水遊びをしたり、ボートに乗ったりして、ピクニックを思い切り楽しみました。もっと遊んでいたかったのですが、また山を越えて帰らなければいけないので、そろそろ帰る準備をしなくてはいけません。そんな時、湖の向こう側に大きな入道雲が見えました。「雨が降るかもしれないから、もう帰ろう」とクマさんが言ったので、急いで帰りの支度を始めました。
雨に降られることなく、みんなは山を越えて、バス停に到着することができました。「雨が降ってこなくてよかったね」と、キツネくんはホッとしていました。帰りのバスを待っていると、どこからか真っ赤なトンボが飛んできました。「きれいな色だね」とゾウさんが言うと、「赤トンボって言うんだよ」とクマさんが教えてくれました。赤トンボはそのまま、山の方へと飛んでいってしまいました。もう、秋はそこまで近づいてきています。

①動物村のみんながピクニックに行った場所はどこでしょうか。四角の中から選んで、青のクーピーペンで○をつけてください。
②サルくんが登りたいと言ったものはどれでしょうか。四角の中から選んで、だいだい色のクーピーペンで○をつけてください。
③キツネくんは、バスでどこに座ったでしょうか。バスの絵の窓に○を書いてください。
④クマさんがお弁当に持ってきたものはどれでしょうか。四角の中から選んで、茶色のクーピーペンで○をつけてください。
⑤お話に出てこなかった動物は誰でしょうか。四角の中から選んで、黄緑のクーピーペンで○をつけてください。
⑥クルミを１番たくさん食べたのは誰でしょうか。四角の中から選んで、黒のクーピーペンで○をつけてください。
⑦ピクニックから帰ろうとした時、どんなお天気でしたか。四角の中から選んで、桃色のクーピーペンで○をつけてください。
⑧飛んでいたトンボはどんな色だったでしょうか。絵にその色を塗ってください。

〈時 間〉　各20秒

〈解 答〉　①右下　②下段左（木）　③１番後ろの窓に○　④上段左
⑤下段左（タヌキ）　⑥上段右（ゾウ）　⑦上段真ん中　⑧省略

［2019年度出題］

学習のポイント

お話が長めで、問題数も多いので、お子さまにとっては、集中力を切らさないようにするだけでも苦労するでしょう。お話の流れはシンプルで、問題自体もそれほど難しくはありませんが、問題ごとに違う色で解答したり、色を塗ったりしなければいけないので、お話だけでなく問題もしっかりと聞いておく必要があります。また、「色」に関する問題がよく出されています。お話に色が出てきたら注意して覚えておきましょう。例年、お話の記憶の出題がありますが、基本的には動物がお出かけをするお話です。登場人物が動物の場合、イメージを描きやすいので、お話がスムーズに頭の中に入ってきます。こうした部分でも難しさが変わってくるので、お話の記憶が苦手なお子さまには、話の長い短いだけでなく、イメージのしやすいお話を選んであげるのも苦手克服の１つの手段になります。

【おすすめ問題集】
１話５分の読み聞かせお話集①・②、お話の記憶 初級編・中級編、
Ｊｒ・ウォッチャー19「お話の記憶」

問題36　分野：数量（数える・選んで数える）　観察 集中

〈準 備〉　クーピーペン（赤）

〈問 題〉　①ミカンの数が１番多いのはどの四角でしょうか。選んで下の○を塗りつぶしてください。はみ出さないように、きれいに塗りましょう。
②リンゴの数が１番多いのはどの四角でしょうか。選んで下の○を塗りつぶしてください。はみ出さないように、きれいに塗りましょう。
③ミカンとリンゴを合わせた数が１番多いのはどの四角でしょうか。選んで下の○を塗りつぶしてください。はみ出さないように、きれいに塗りましょう。

〈時 間〉　１分30秒

〈解 答〉　①右　②右　③真ん中

［2019年度出題］

学習のポイント

絵に描かれているくだものが１種類から２種類、３種類と増えていき、①は単純に数える、②は選んで数える、③は選んだものを合わせて数えるというように、問題も段々とレベルアップしていきます。とは言っても、数えるものが多くても10個程度なので、それほど難しくはないでしょう。大きさが異なっていたり、ランダムに並べられていたりと、少し解きにくいと感じてしまうかもしれませんが、基本的な数量の問題の解き方に違いはありません。常に「一定の方向に数える」ことが大原則となります。お子さまのやりやすさがあると思うので、上下左右どこから始めても構いませんが、例えば、左上から右に向かってという数え方なら、いつでもその数え方を徹底してください。慣れていくと、それが「型」になってきて、スムーズに数えられるようになり、数え間違いもしにくくなります。数えるというシンプルな問題だからこそ、確実に正解できるようにしていきましょう。

【おすすめ問題集】

Ｊｒ・ウォッチャー14「数える」、37「選んで数える」

問題37　分野：数量（一対多の対応）

聞く　考え

〈準 備〉　クーピーペン（赤）

〈問 題〉　①３人の子どもがごはんを食べる時、お箸は何本必要でしょうか。１人分ずつ○をつけてください。
②３台の三輪車には、いくつタイヤが必要でしょうか。１台分ずつ○をつけてください。

〈時 間〉　１分

〈解 答〉　下図参照（一例）

［2019年度出題］

学習のポイント

細かなことを言えば、箸は何膳と数えた方がよいのかもしれませんが、本問ではバラバラになっていることもあって何本と数えています。そうしたこととも関連してきますが、箸は２本で１人分ということがわかっていることが大前提となります。解答の仕方も独特で、１人分ずつのお箸に○をつけていくという形です。つまり、お箸２本にまとめて○をつけ、それが３人分なので、○を３個つけるということです（上記の解答を参照）。細かな部分まで聞いていないと、正解がわかっていても、間違った解答の仕方をしてしまいがちなので注意しましょう。１人分ずつの数を答えるだけで、「３人で何本必要か」という全部で何本という解答を求めない出題方法です。そうした部分で戸惑わないように、最後までしっかりと問題を聞いて、きちんと理解した上で解答するようにしましょう。

【おすすめ問題集】

Ｊｒ・ウォッチャー42「一対多の対応」

問題38　分野：推理（系列）

観察　考え

〈準備〉　クーピーペン（赤）

〈問題〉　あるお約束にしたがって、形が並んでいます。空欄の四角に入る形はどれでしょうか。下の四角の中から選んで○をつけてください。

〈時間〉　１分

〈解答〉　①左から２番目　②右端

［2019年度出題］

学習のポイント

系列の問題は、規則性を見つけることが最大のポイントになります。問題の出し方もさまざまで、よく出題されるものとして、何種類かの絵や記号が、ある規則性にしたがって並んでいるというものがあります。こうした問題の場合は、同じ絵（記号）を手がかりにして、規則性を発見することができます。ただ、本問のような同じ形で、色の塗ってある場所が違うといった問題の場合、一見するだけでは同じ形を見つけにくいので、どこから始めてよいのか悩んでしまうかもしれません。そうした場合は、どう変化したのかに注目してみてください。①を左から見ていくと、ちょうど風車が回っているように、黒い部分が１つずつ右回転していることがわかります。そう見ていくと、答えは左から２番目になることがわかります。②は、○と●の書いてある形を別々に考えるとわかりやすくなります。○だけを見てみると、１つ目と５つ目が同じ形で、２つの形が繰り返されていることがわかります。ということは、２つ目の●と同じ形が正解ということになります。

【おすすめ問題集】

Ｊｒ・ウォッチャー６「系列」

問題39　分野：推理（ブラックボックス）

集中　観察

〈準備〉　クーピーペン（赤）

〈問題〉　記号が箱に入ると、上段のように形と数が変わります。下の２つの場合、どのように変わるでしょうか。右の四角の中に書いてください。

〈時間〉　１分

〈解答〉　下図参照

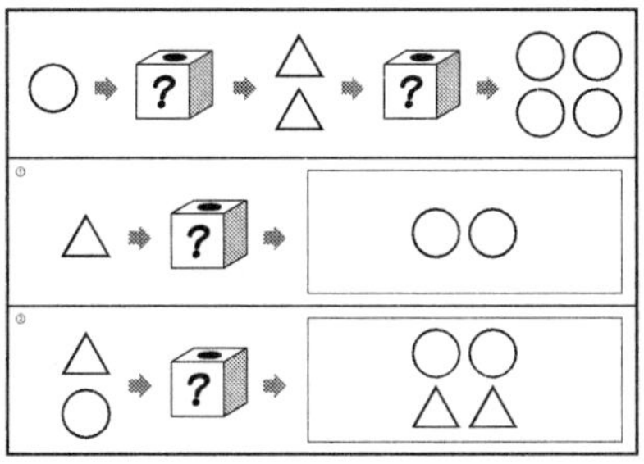

［2019年度出題］

学習のポイント

ブラックボックスの問題です。この問題では、箱に入れることで、変化するものの数と形の両方が変わるので、２つの変化を同時に考えなければいけません。①にしても、「△を１つ箱に入れる」という場合のお約束は、上の例題では直接示されていません。「△が２つの時は○が４つなので、△が１つだったら○は２つ」というように、推測させる要素が含まれています。②はさらに難しくなっています。○と△をまとめて箱に入れるという場合の例題が示されていないからです。本問に限ったことではありませんが、わかりにくいと思ったら、「もっと単純に考える」「分けて考える」という２つの方向性をお子さまに示してください。難しく感じる問題は、いくつかの要素が複合されていることがほとんどです。本問のように、「形が１つだったらわかるけど、２つになるとわからなくなる」というのであれば、分けて考えればよいのです。そうした考え方のヒントを、さりげなくお子さまに伝えてあげましょう。ただ、あくまでもさりげなくということを忘れないようにしましょう。そのものズバリを言ってしまうとお子さまが自分で考えなくなってしまいます。

【おすすめ問題集】

Ｊｒ・ウォッチャー32「ブラックボックス」

問題40　分野：数量（比較）

観察　考え

〈準 備〉　クーピーペン（赤）

〈問 題〉　四角の中のコップに水が入っています。１番水が多いのはどの四角でしょうか。選んで下の○を塗りつぶしてください。はみ出さないように、きれいに塗りましょう。

〈時 間〉　１分

〈解 答〉　①真ん中　②右

［2019年度出題］

学習のポイント

コップの大きさが同じで、目盛りもついているので、水の量の比較としては、やさしい問題と言えるでしょう。ただ、②に関しては、水の量がバラバラで、コップの数も多いので、少し考えてしまうかもしれません。ですが、１つずつ目盛りを数えていくことで正解にたどり着くことができます。問われているのは水の量なので、見た目に惑わされず、何を比較したらよいのかということを、しっかりと頭に入れておきましょう。コップ何個分で考えるのか、目盛り何個分で考えるかは、どちらのやり方でも問題はないので、お子さまのやりやすい方法で行ってください。１目盛りを１つのものと考えれば、シンプルな「数える」問題と同じなので、慣れてくると、一目見ただけで何目盛りあるかがわかるようになります。水の量を単純な数量の問題に置き換えて考えられるかが、本問のポイントと言えるかもしれません。

【おすすめ問題集】

Ｊｒ・ウォッチャー14「数える」、15「比較」、58「比較②」

星野学園小学校　専用注文書

年　月　日

合格のための問題集ベスト・セレクション

＊入試頻出分野ベスト３

1st 推理	2nd 数量	3rd 記憶
考える力　観察力	観察力　集中力	聞く力　集中力

問題数も多く、出題分野も幅広いので、当校に特化した対策はとりにくいですが、難しい問題は多くありません。基礎的な問題を確実に解けるようにしていくことが１番の対策法と言えるでしょう。

分野	書　名	価格（税抜）	注文	分野	書　名	価格（税抜）	注文
図形	Ｊｒ・ウォッチャー6「系列」	1,500円	冊	推理	Ｊｒ・ウォッチャー32「ブラックボックス」	1,500円	冊
推理	Ｊｒ・ウォッチャー7「迷路」	1,500円	冊	数量	Ｊｒ・ウォッチャー37「選んで数える」	1,500円	冊
図形	Ｊｒ・ウォッチャー9「合成」	1,500円	冊	数量	Ｊｒ・ウォッチャー42「一対多の対応」	1,500円	冊
推理	Ｊｒ・ウォッチャー10「四方からの観察」	1,500円	冊	図形	Ｊｒ・ウォッチャー45「図形分割」	1,500円	冊
常識	Ｊｒ・ウォッチャー11「いろいろな仲間」	1,500円	冊	言語	Ｊｒ・ウォッチャー49「しりとり」	1,500円	冊
常識	Ｊｒ・ウォッチャー12「日常生活」	1,500円	冊	図形	Ｊｒ・ウォッチャー53「四方からの観察 積み木編」	1,500円	冊
数量	Ｊｒ・ウォッチャー14「数える」	1,500円	冊	図形	Ｊｒ・ウォッチャー54「図形の構成」	1,500円	冊
推理	Ｊｒ・ウォッチャー15「比較」	1,500円	冊	推理	Ｊｒ・ウォッチャー58「比較②」	1,500円	冊
数量	Ｊｒ・ウォッチャー16「積み木」	1,500円	冊	言語	Ｊｒ・ウォッチャー60「言葉の音（おん）」	1,500円	冊
言語	Ｊｒ・ウォッチャー17「言葉の音遊び」	1,500円	冊		面接テスト問題集	2,000円	冊
言語	Ｊｒ・ウォッチャー18「いろいろな言葉」	1,500円	冊		面接最強マニュアル	2,000円	冊
記憶	Ｊｒ・ウォッチャー19「お話の記憶」	1,500円	冊		1話5分の読み聞かせお話集①・②	1,800円	各　冊
常識	Ｊｒ・ウォッチャー30「生活習慣」	1,500円	冊		お話の記憶問題集 初級編	2,600円	冊
推理	Ｊｒ・ウォッチャー31「推理思考」	1,500円	冊		お話の記憶問題集 中級編・上級編	2,000円	各　冊

合計	冊	円

（フリガナ） 氏　名	電　話 ＦＡＸ E-mail
住 所　〒　　　－	以前にご注文されたことはございますか。 有 ・ 無

★お近くの書店、または記載の電話・FAX・ホームページにてご注文をお受けしております。
電話：03-5261-8951　FAX：03-5261-8953　代金は書籍合計金額＋送料がかかります。
※なお、落丁・乱丁以外の理由による商品の返品・交換には応じかねます。
★ご記入頂いた個人に関する情報は、当社にて厳重に管理致します。なお、ご購入の商品発送の他に、当社発行の書籍案内、書籍に関する調査に使用させて頂く場合がございますので、予めご了承ください。

日本学習図書株式会社
http://www.nichigaku.jp

☆　西武学園文理小学校

問題 1

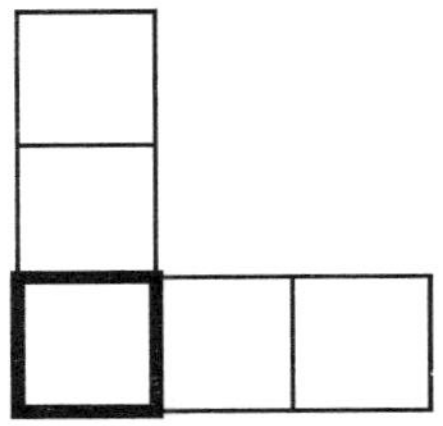
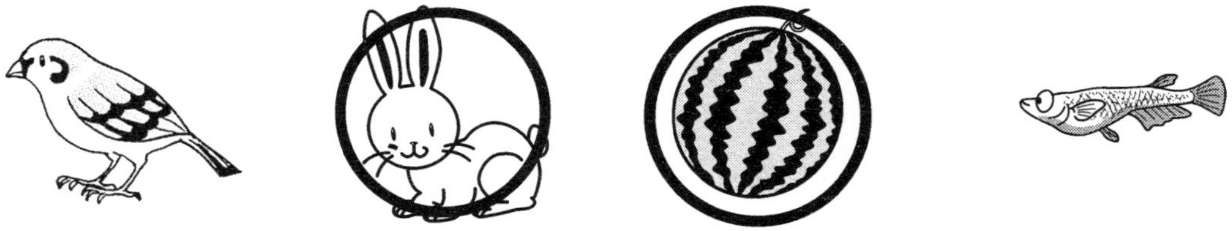

①

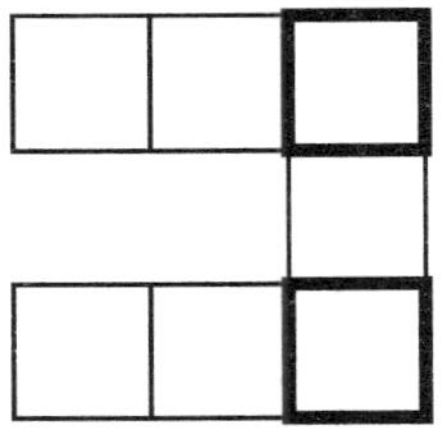

②

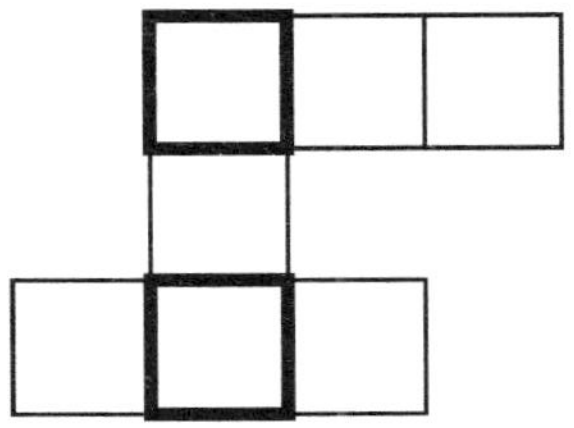

③

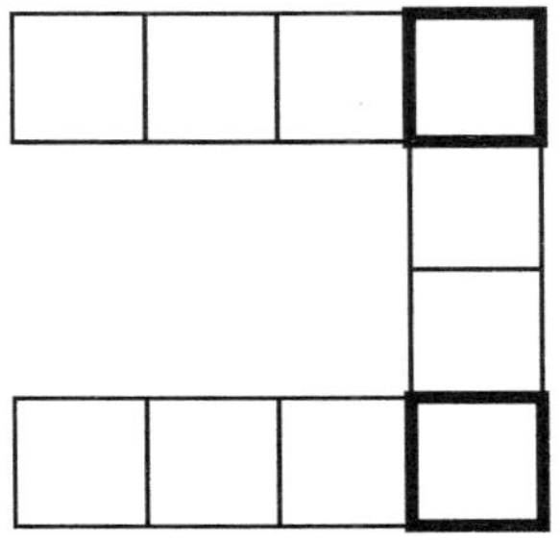

日本学習図書株式会社

☆ 西武学園文理小学校

2021 年度 西武文理・星野学園 過去 無断複製／転載を禁ずる 日本学習図書株式会社

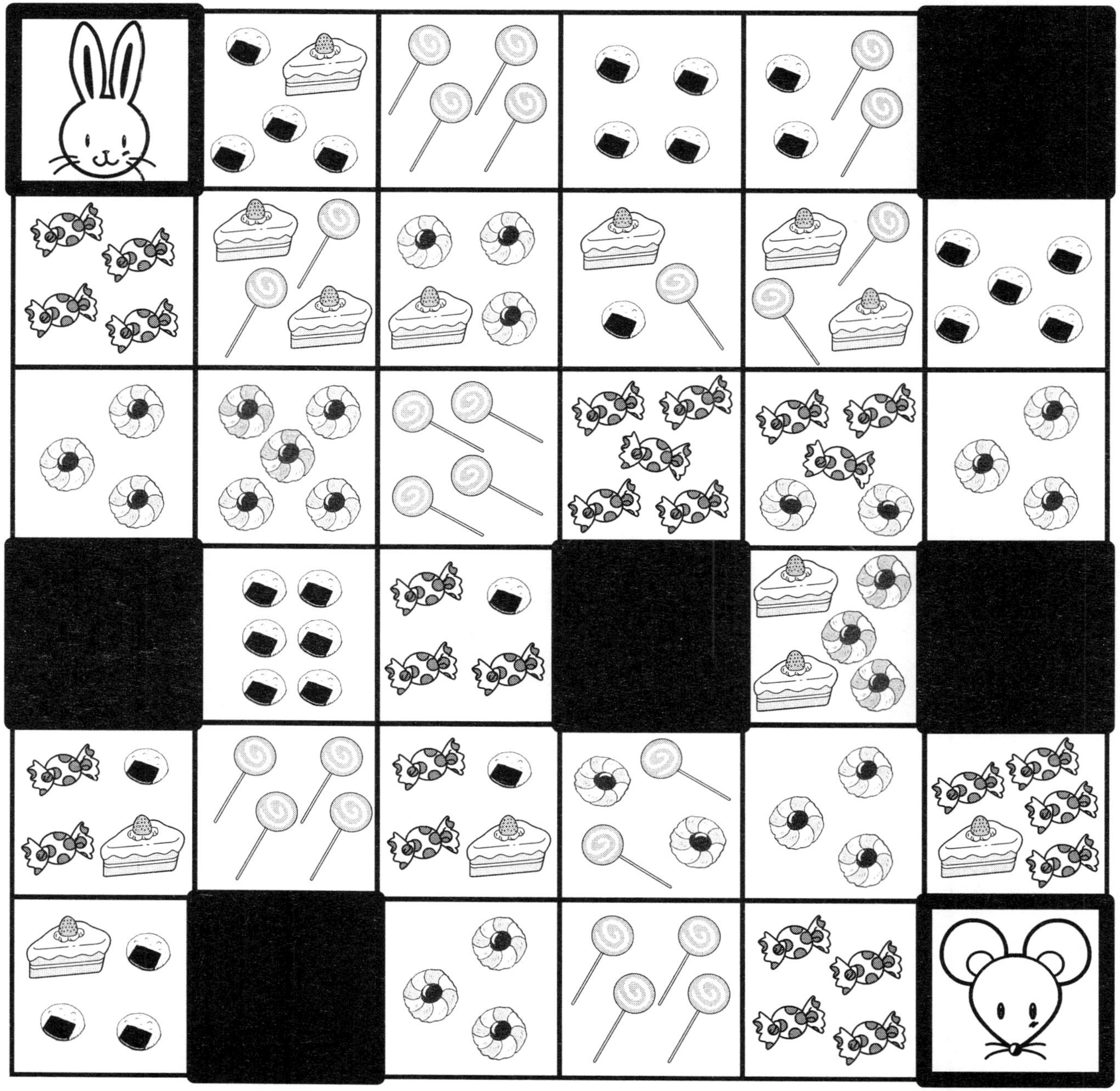

問題 3

☆ 西武学園文理小学校

①

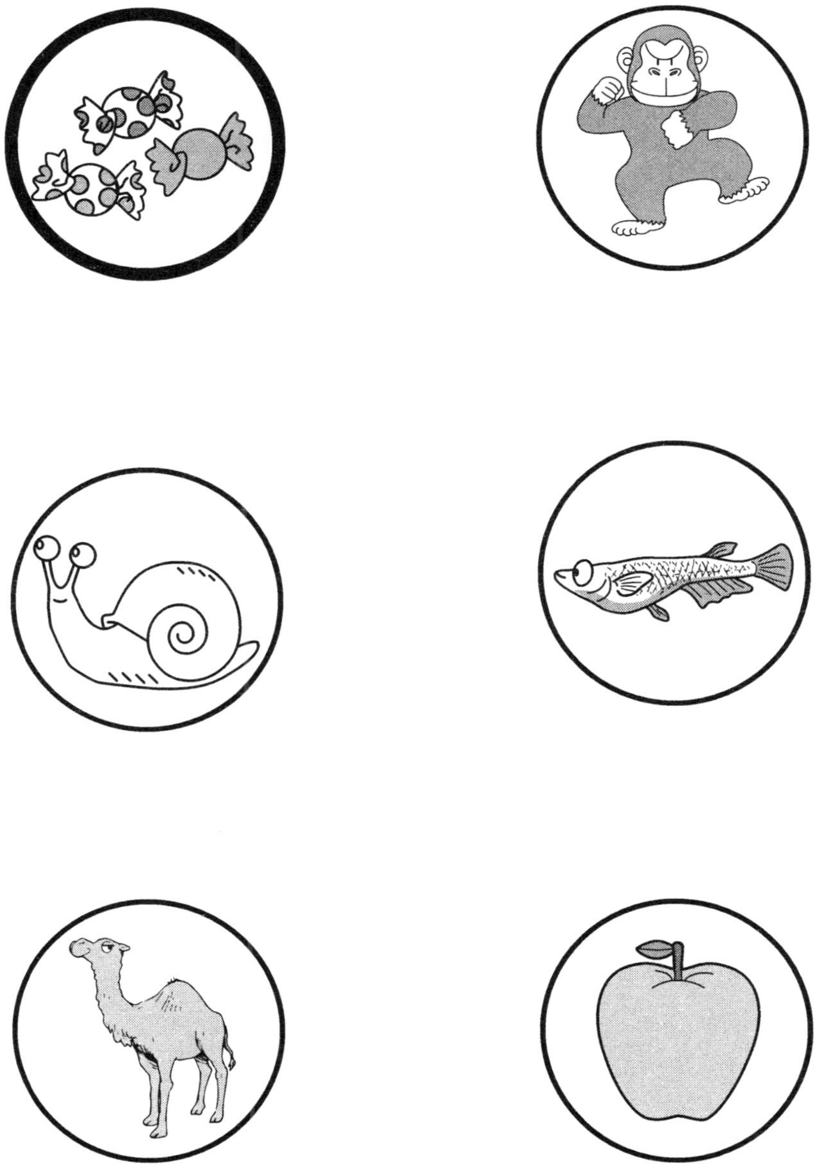

②

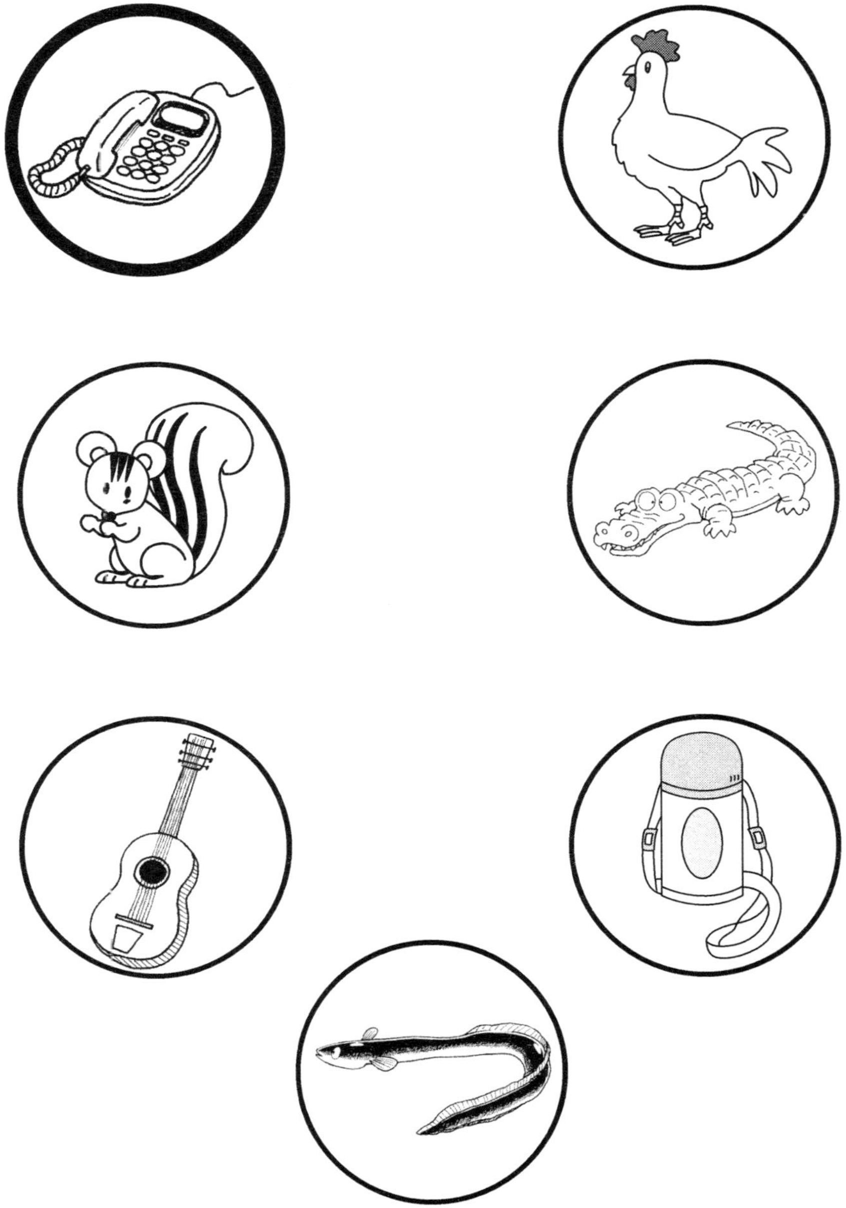

①

②

日本学習図書株式会社

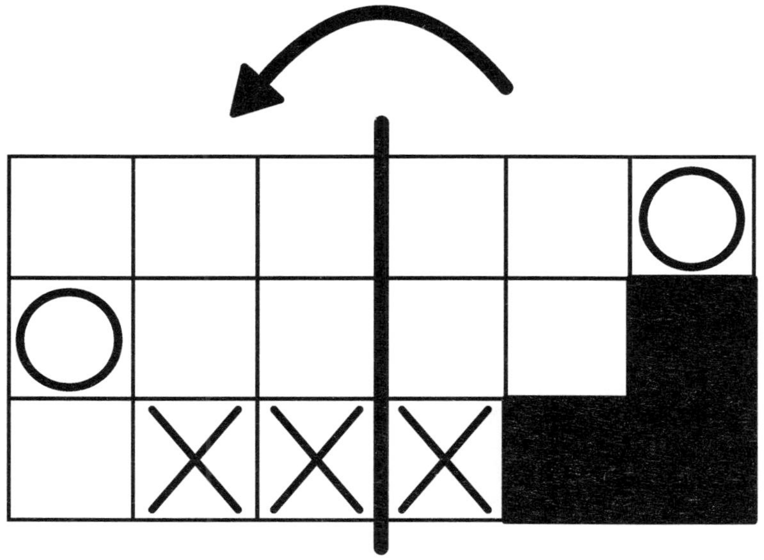

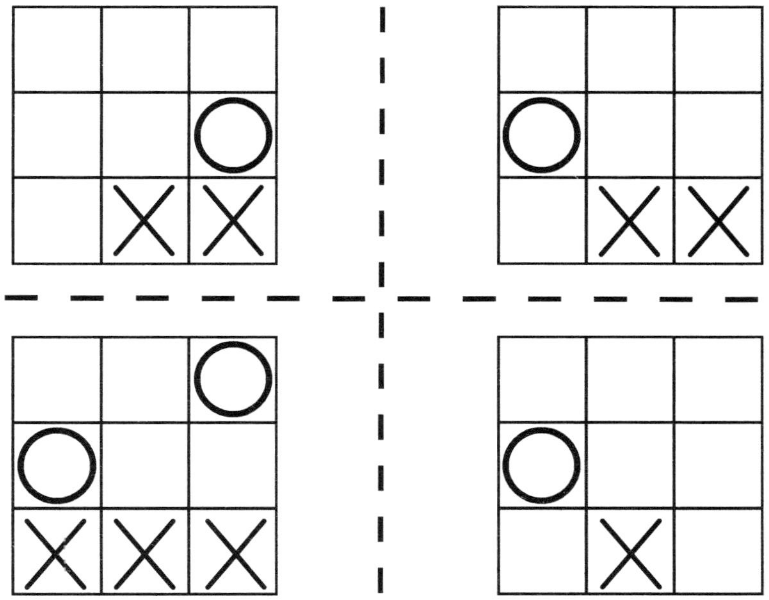

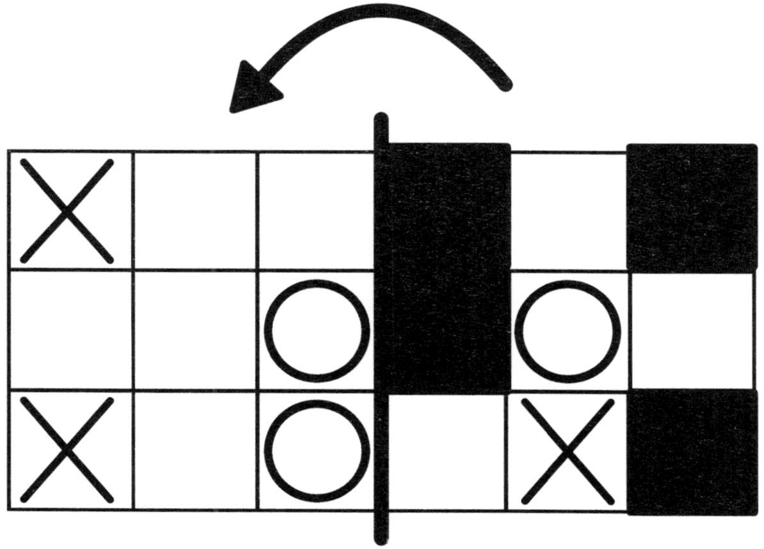

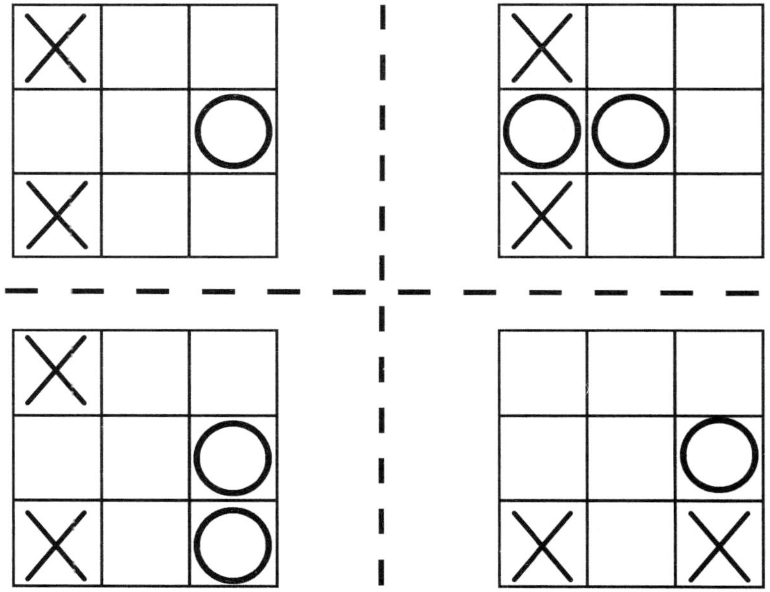

①

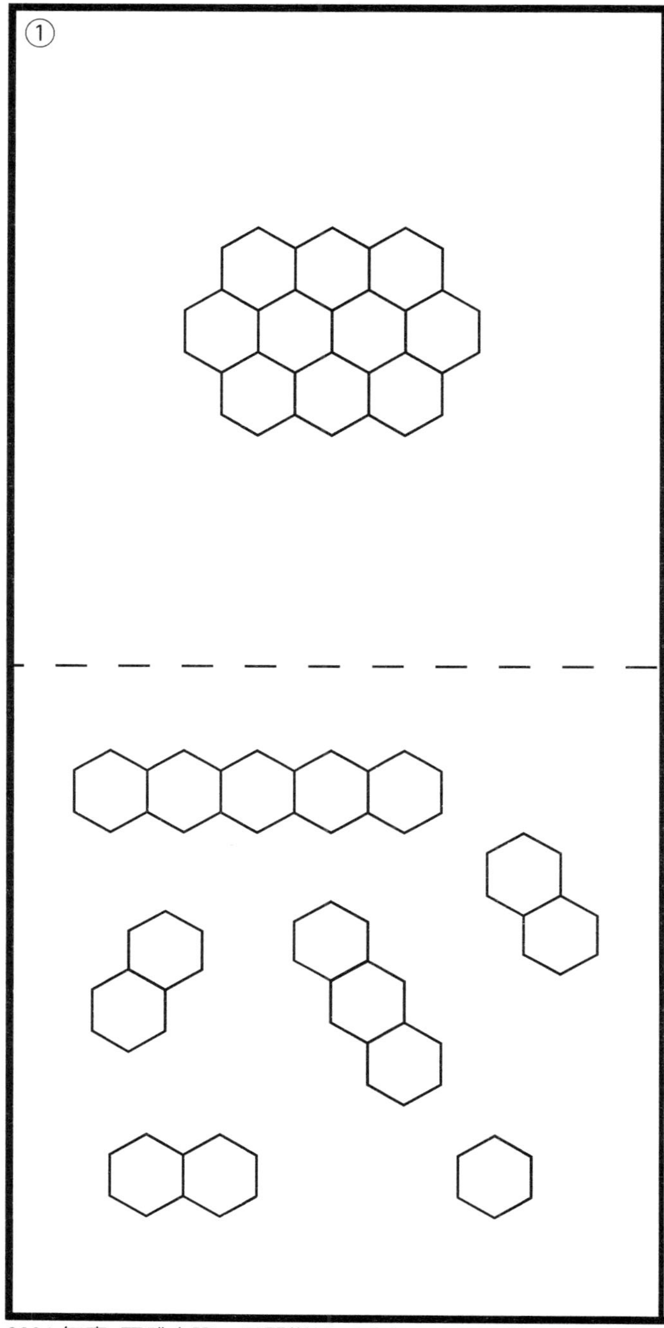

②

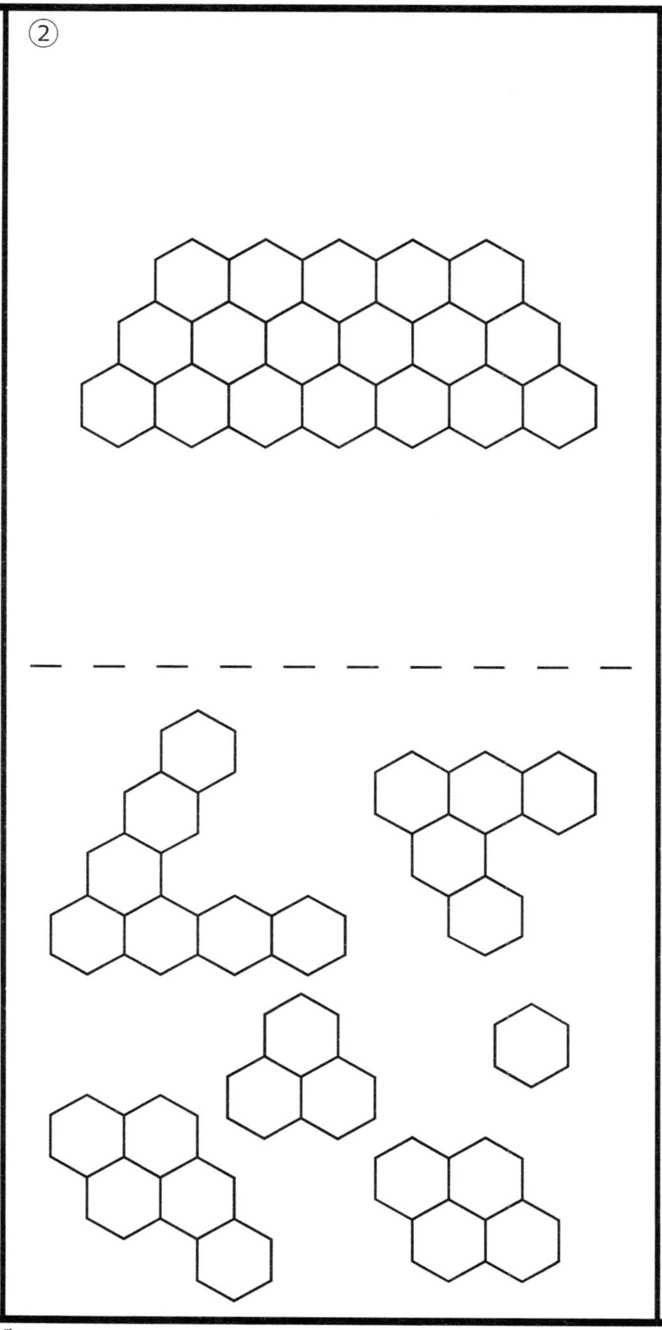

③

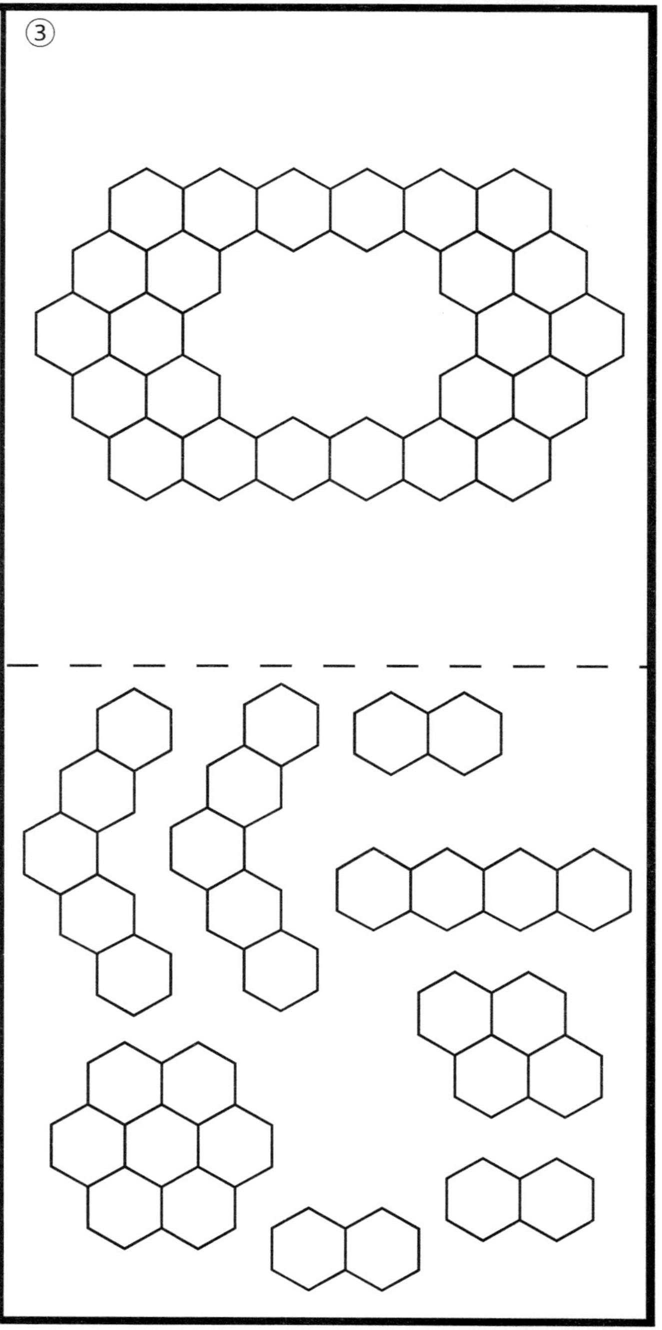

☆　西武学園文理小学校

問題6

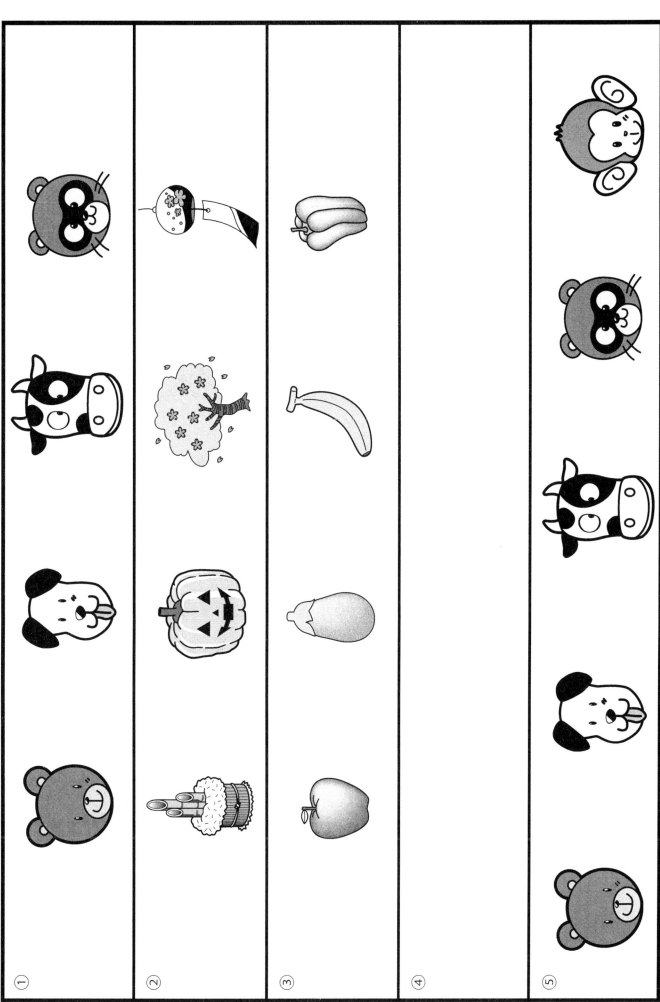

①

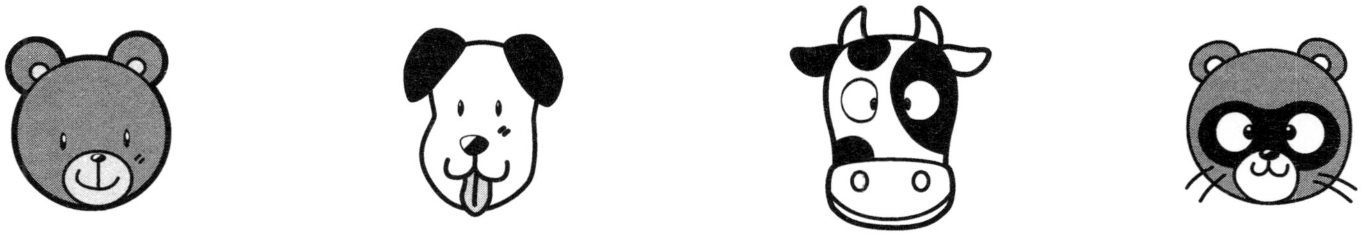

②

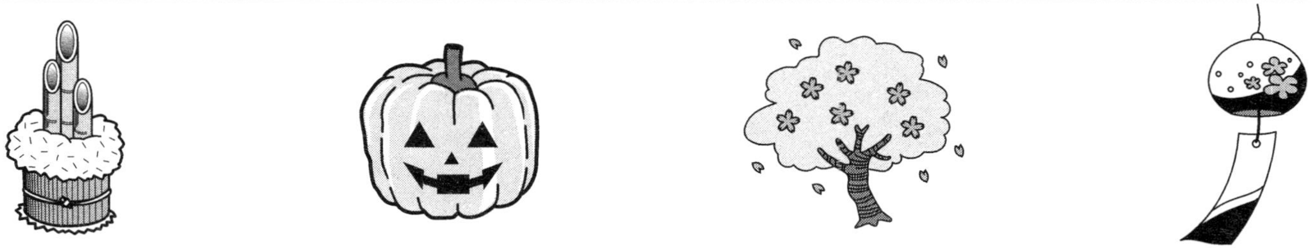

③

④

⑤

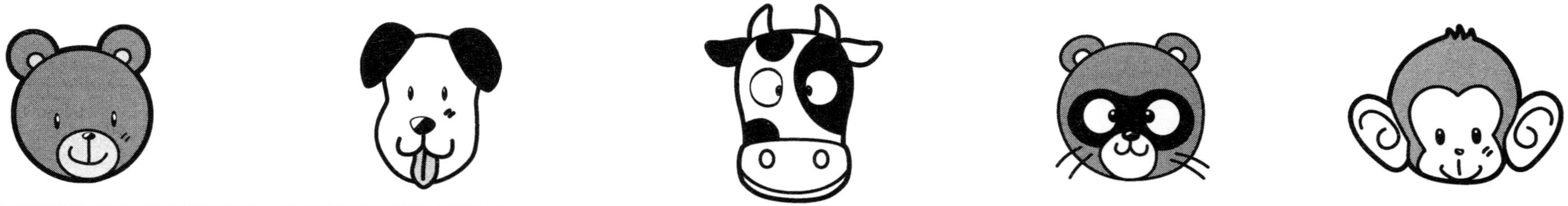

☆　西武学園文理小学校

問題7

①

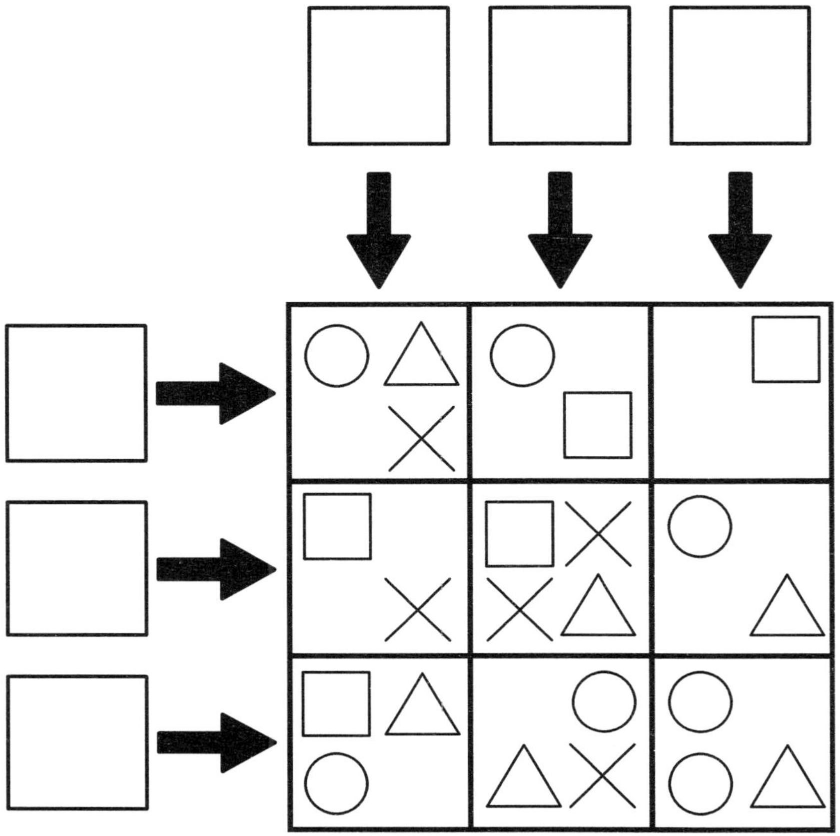

②

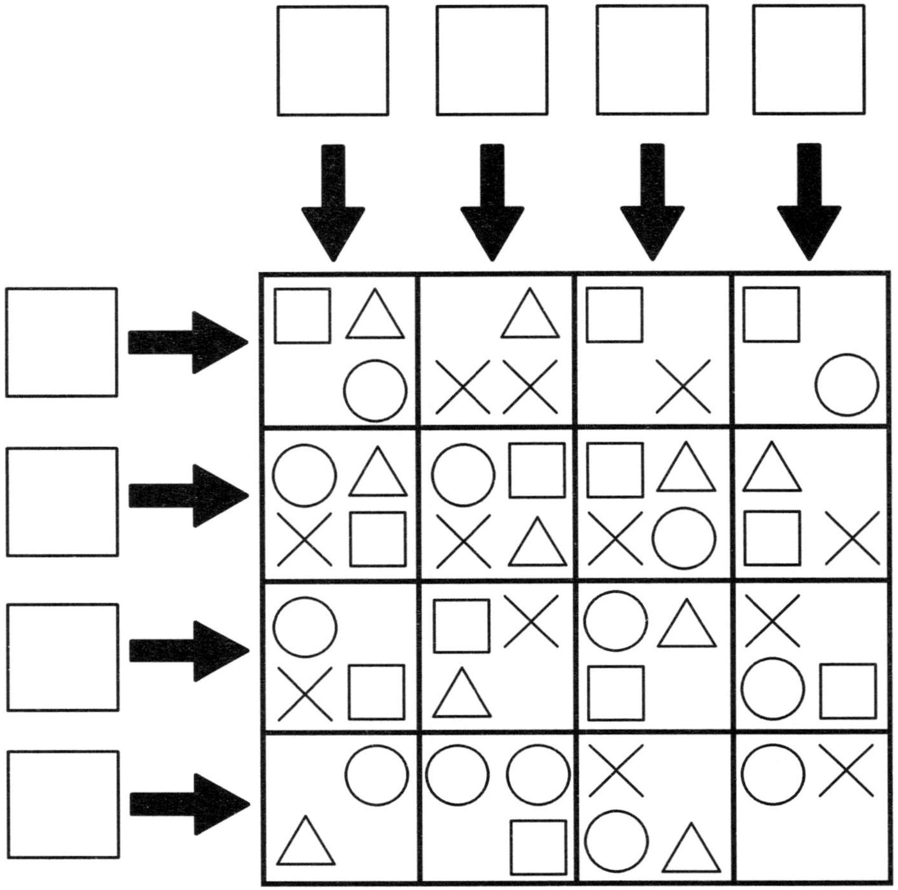

☆　西武学園文理小学校

問題 8

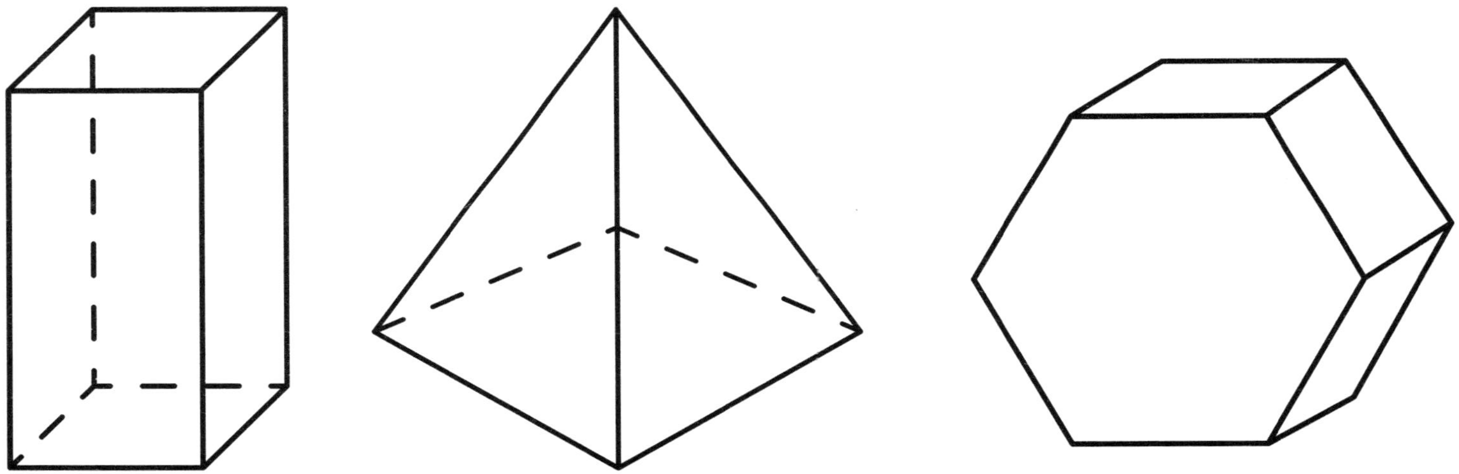

日本学習図書株式会社

問題 9

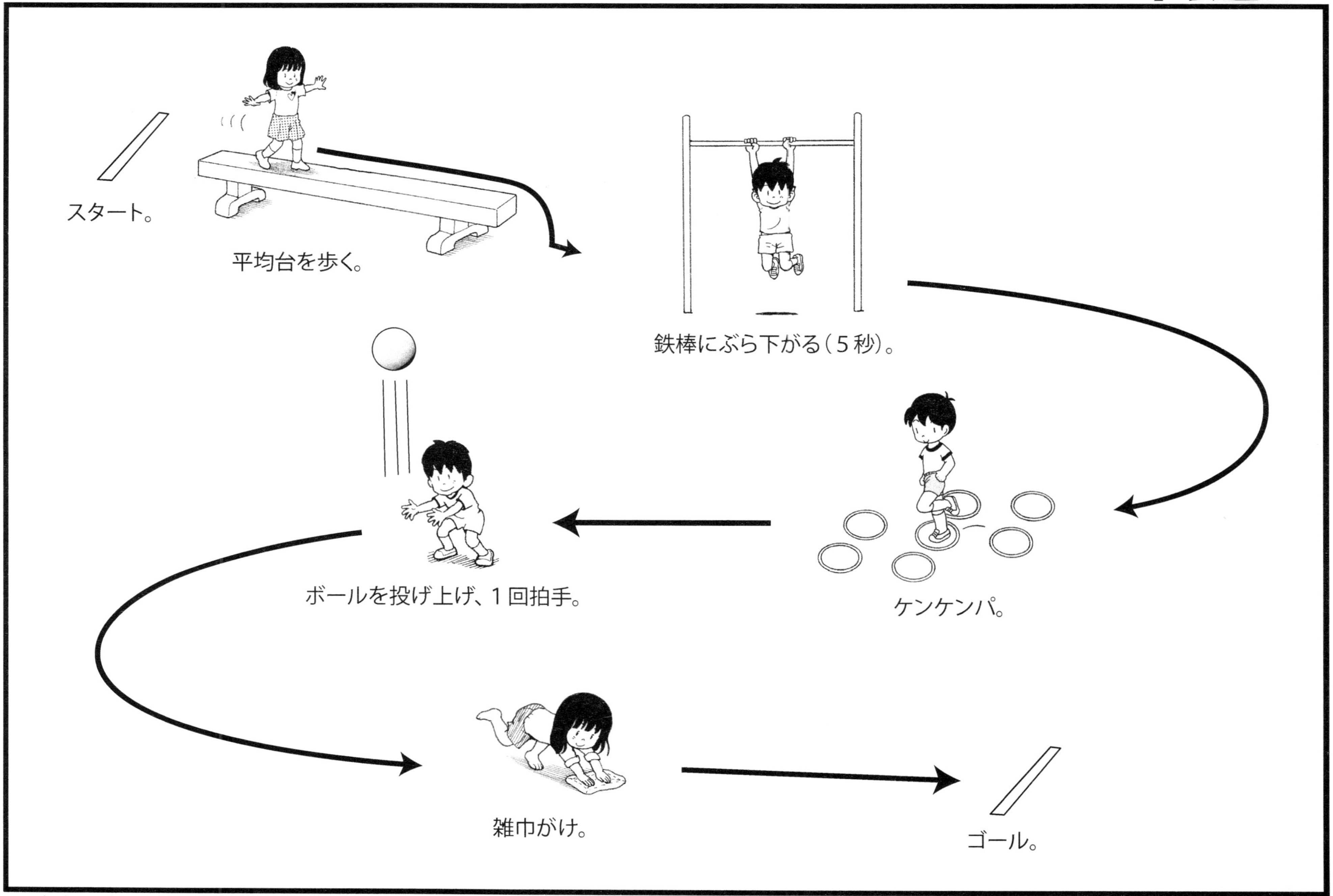
スタート。
平均台を歩く。
鉄棒にぶら下がる（５秒）。
ケンケンパ。
ボールを投げ上げ、１回拍手。
雑巾がけ。
ゴール。

日本学習図書株式会社

☆　西武学園文理小学校

問題１２

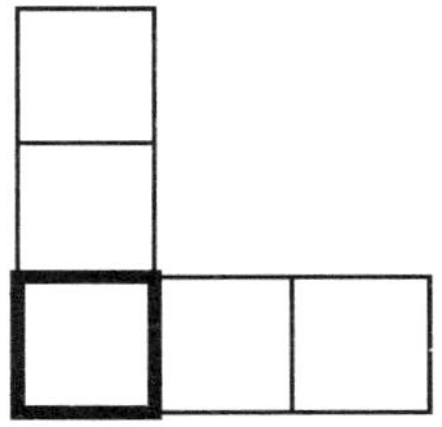

①

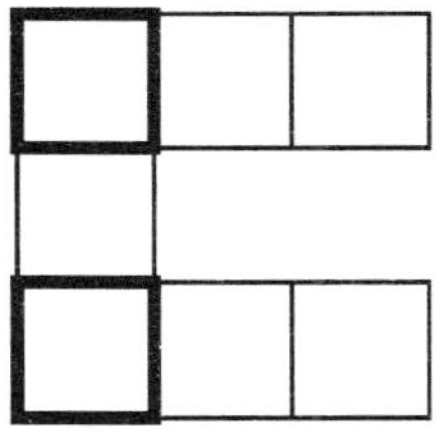

②

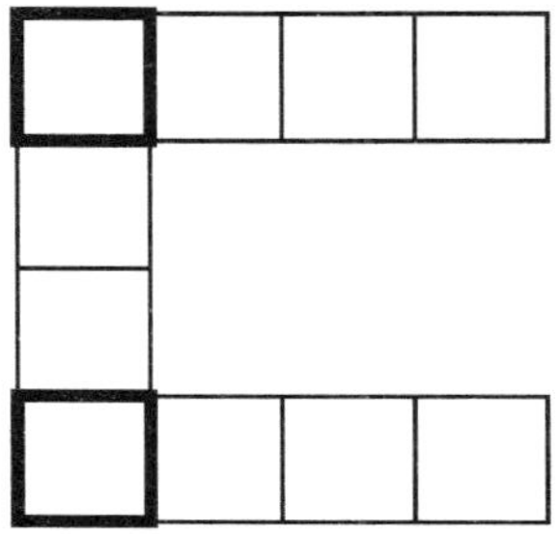

③

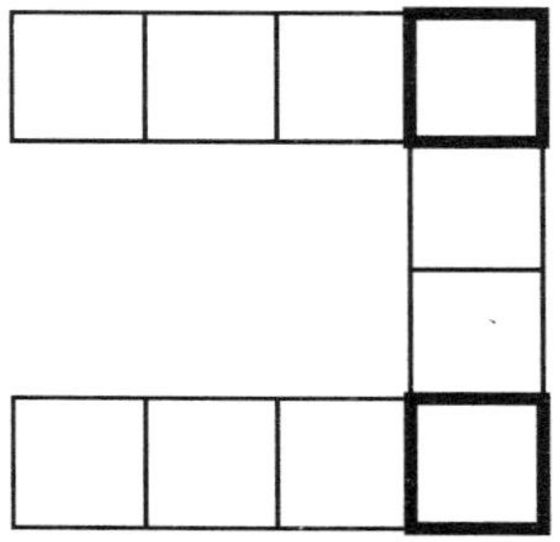

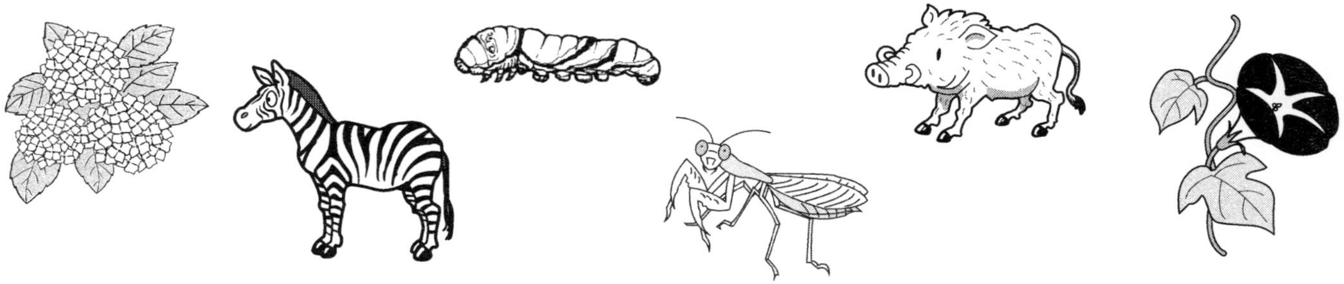

日本学習図書株式会社

☆　西武学園文理小学校

問題１３

①

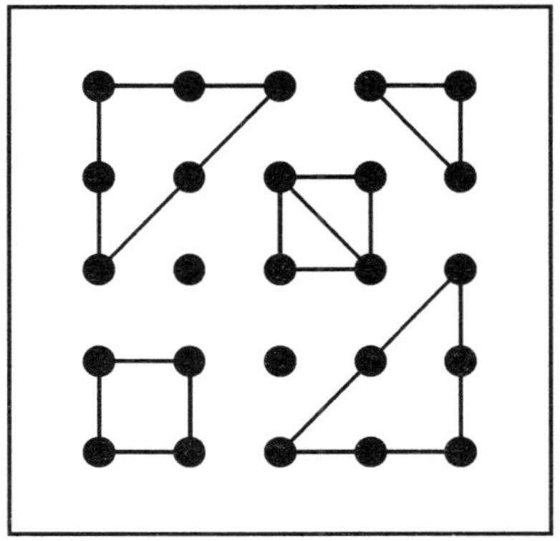
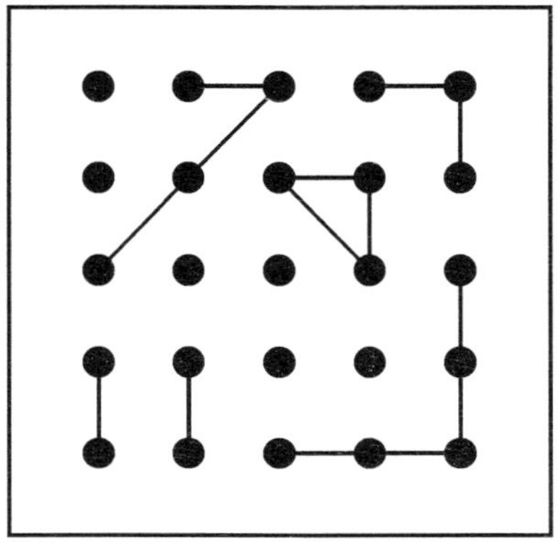
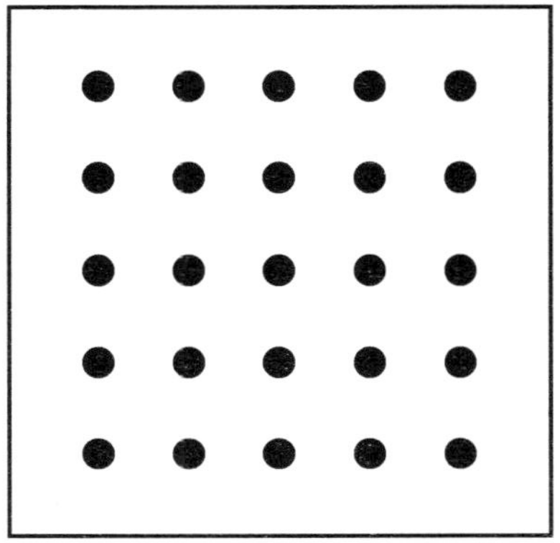
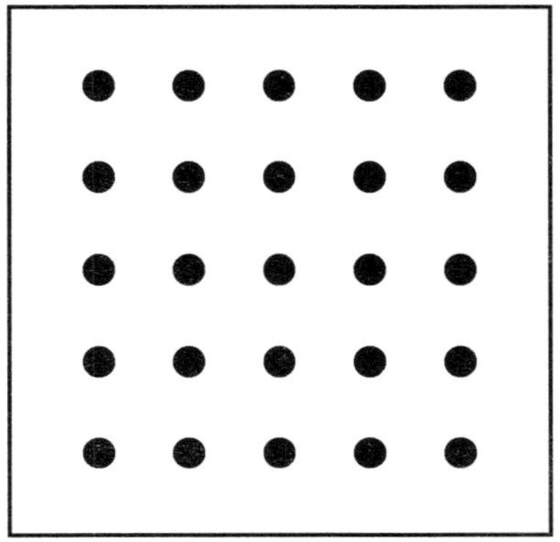

②

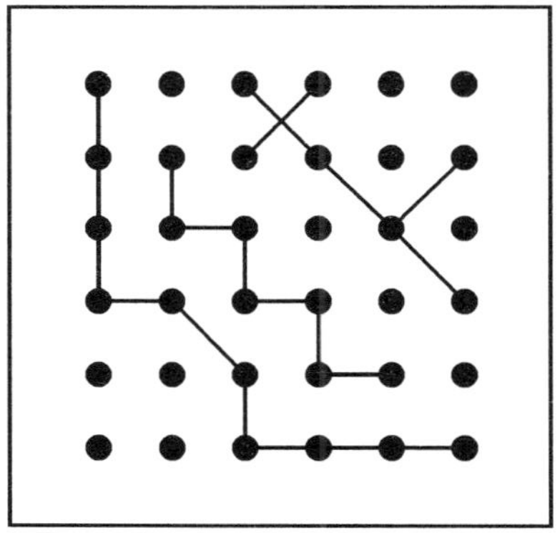
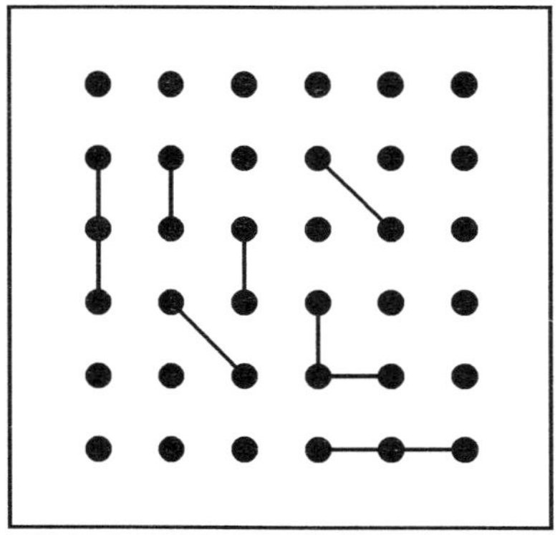
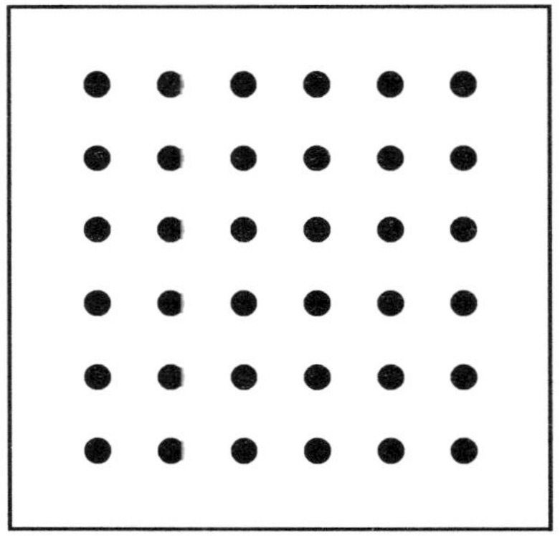
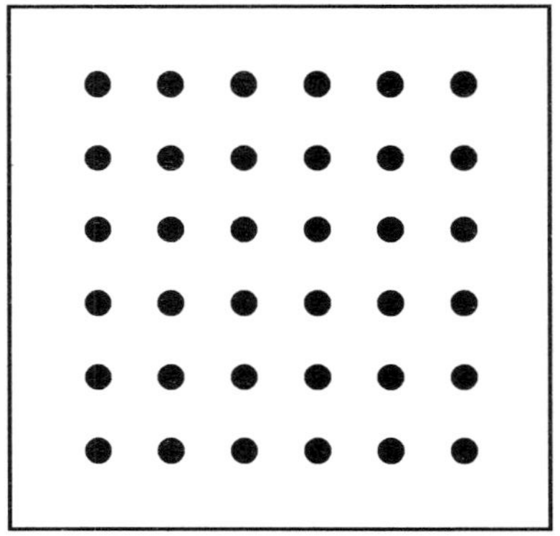

日本学習図書株式会社

☆　西武学園文理小学校

問題１４

問題１５

①

②

③

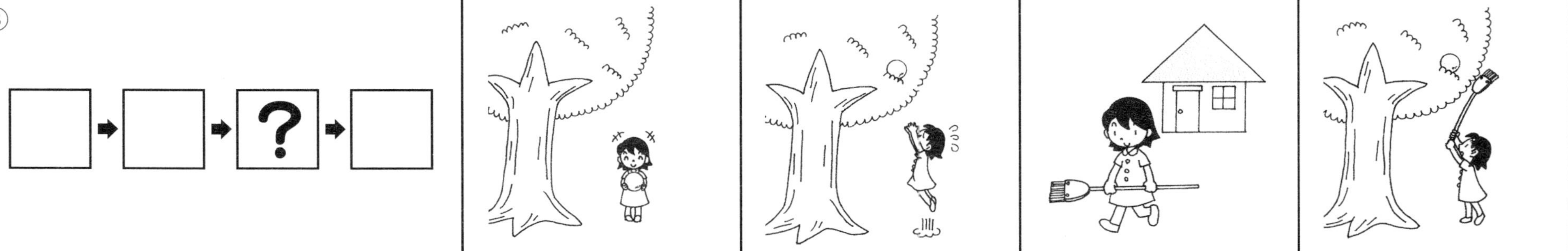

④

☆　西武学園文理小学校

問題16

①

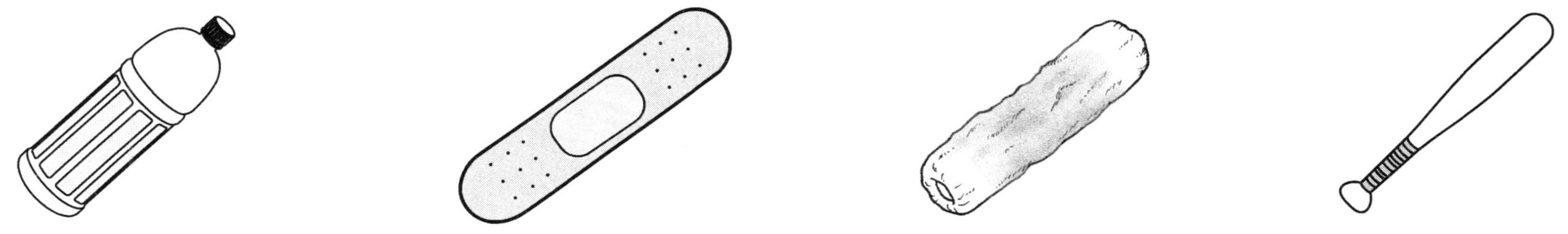

②

③

④

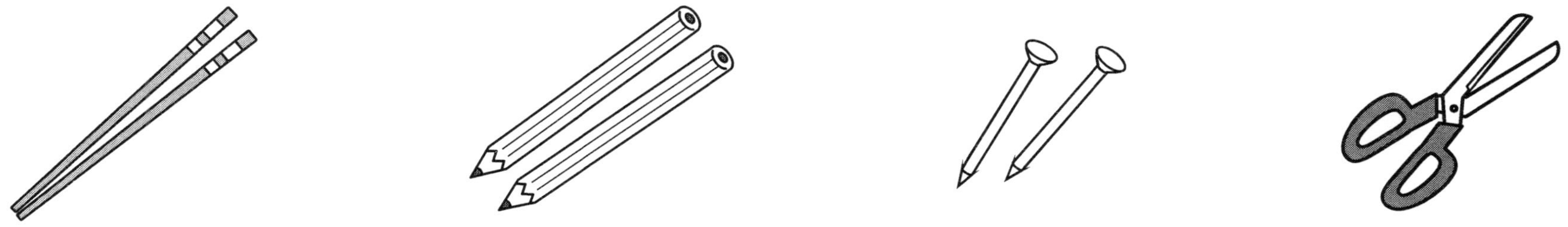

日本学習図書株式会社

☆　西武学園文理小学校

問題１７

①

②

③

④

⑤

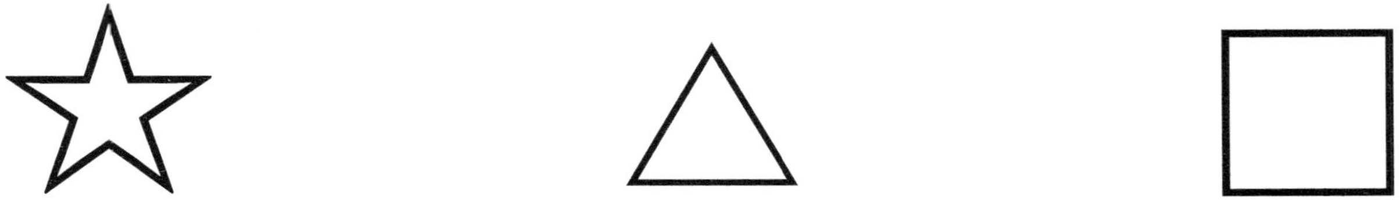

日本学習図書株式会社

☆　西武学園文理小学校

問題１８

①

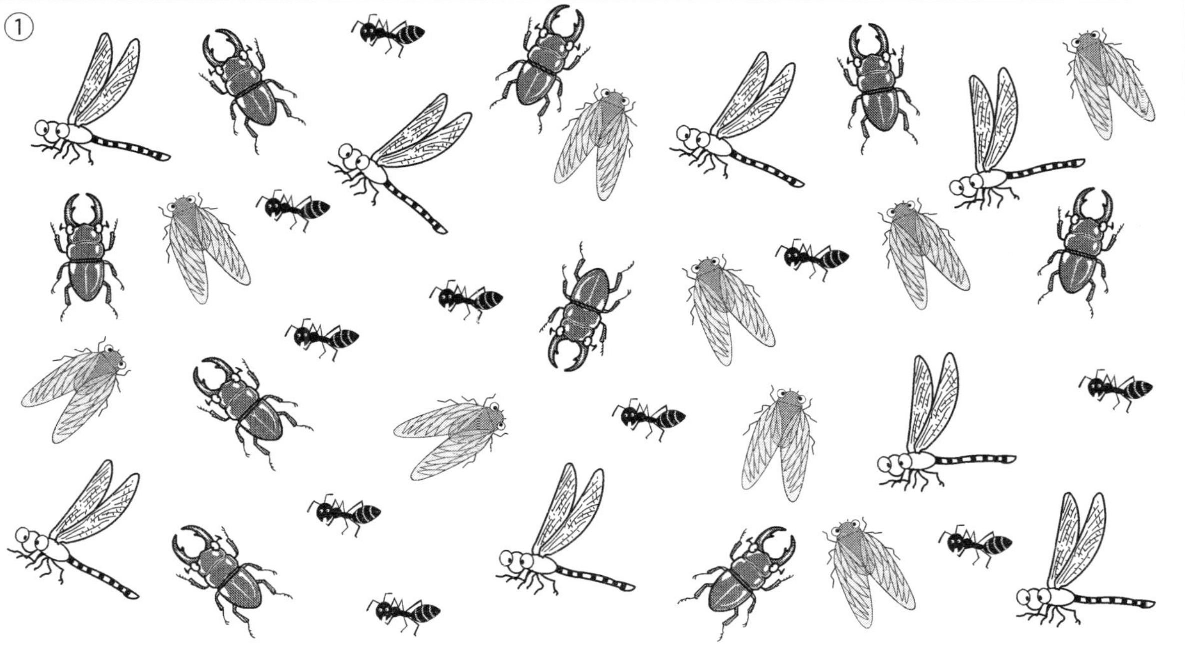

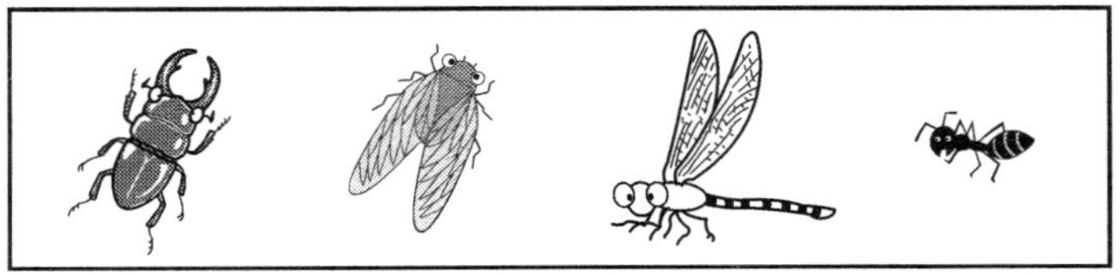

②

☆ 西武学園文理小学校

問題１９

①

②

③

☆　西武学園文理小学校

問題２０

①

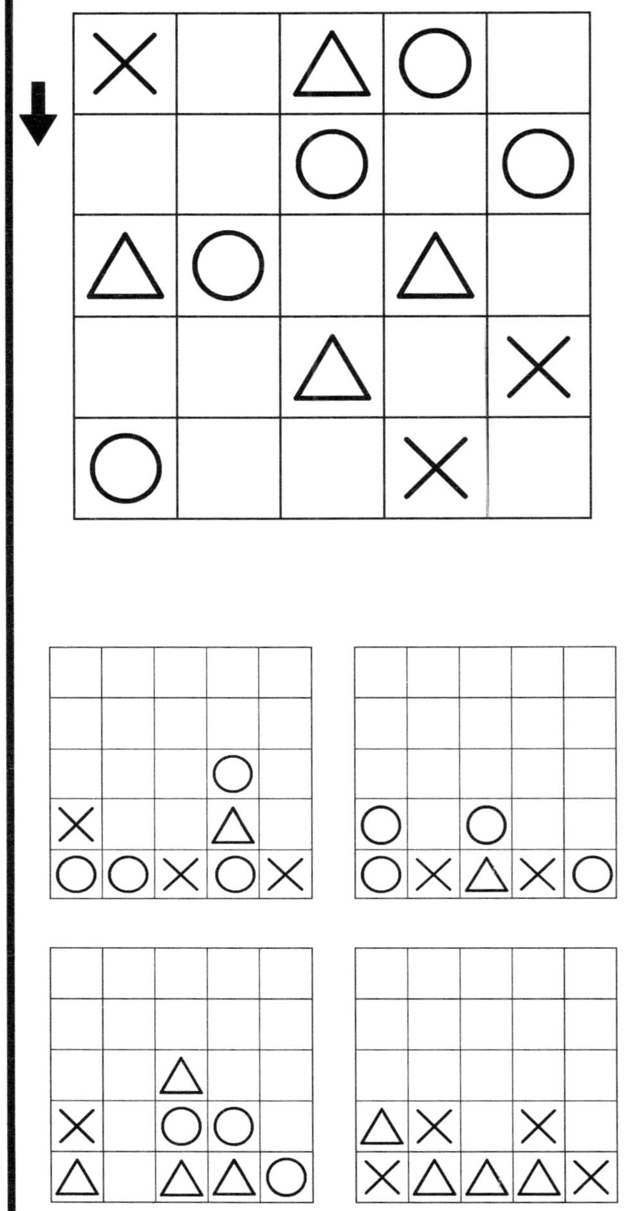

②

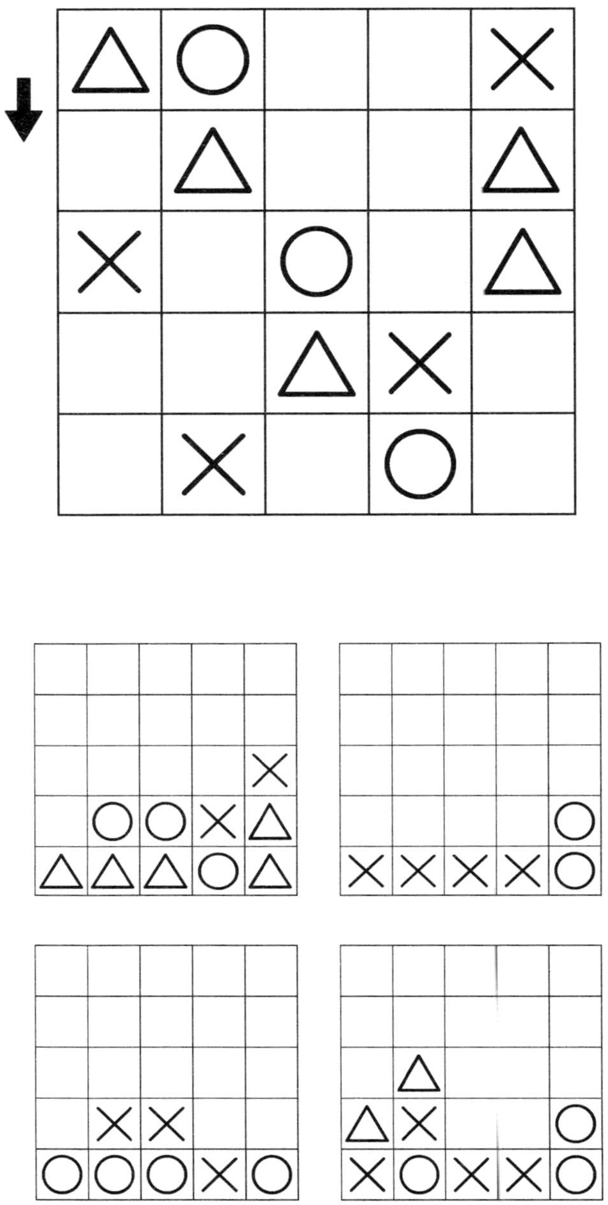

③

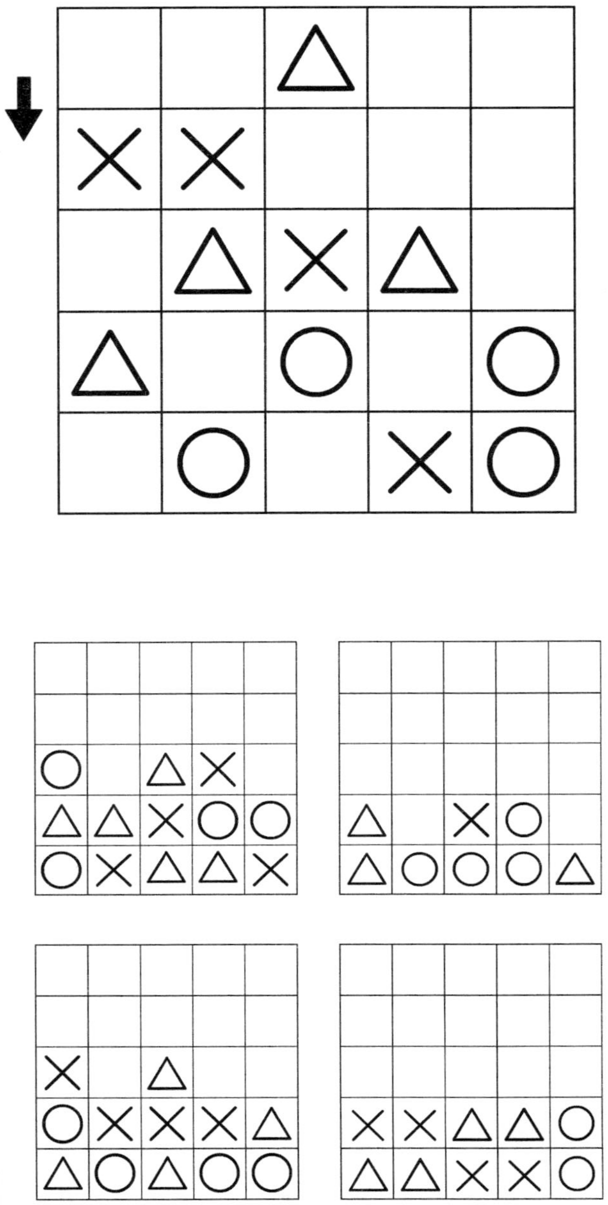

問題21－1

①

②

③

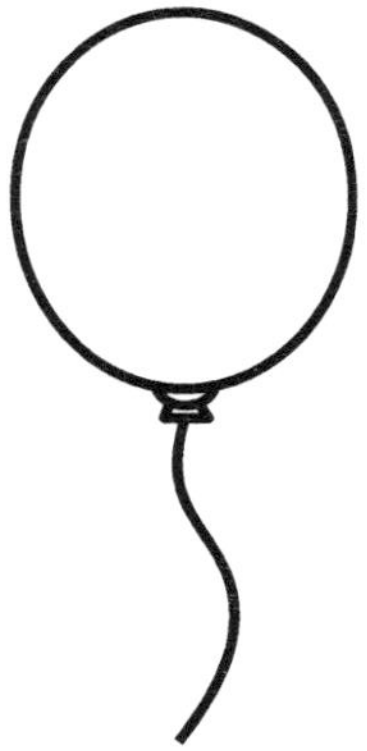

④

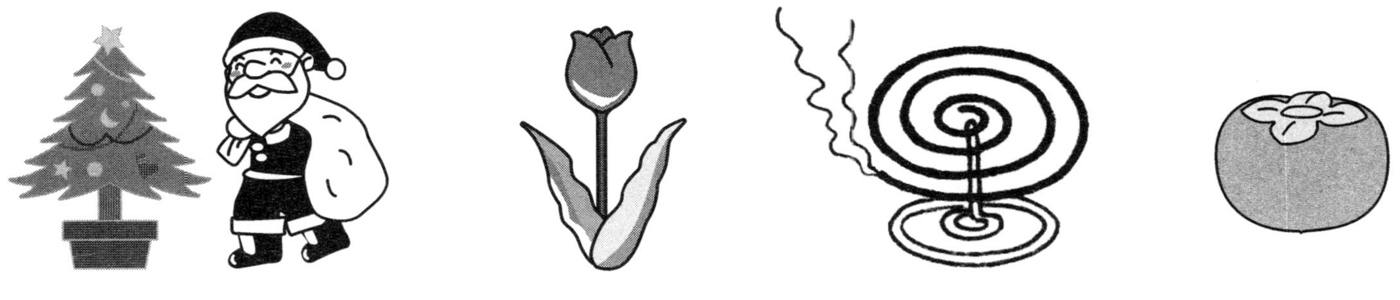

⑤

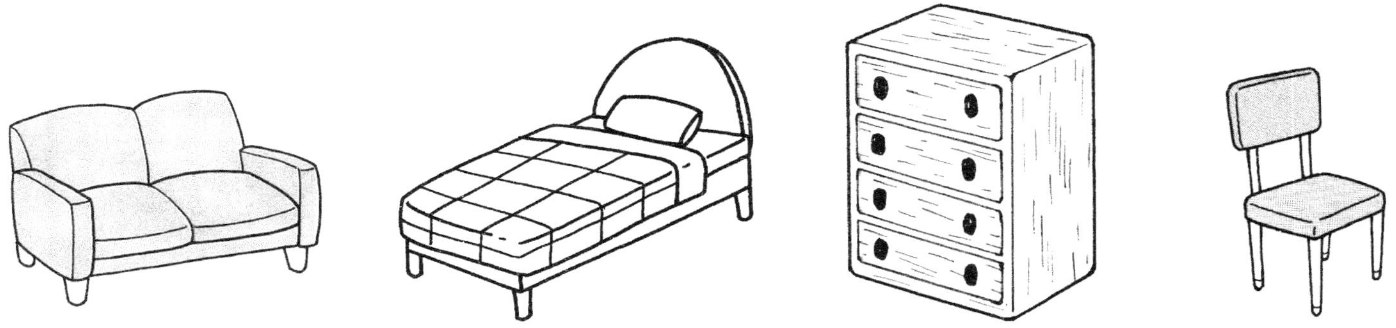

⑥

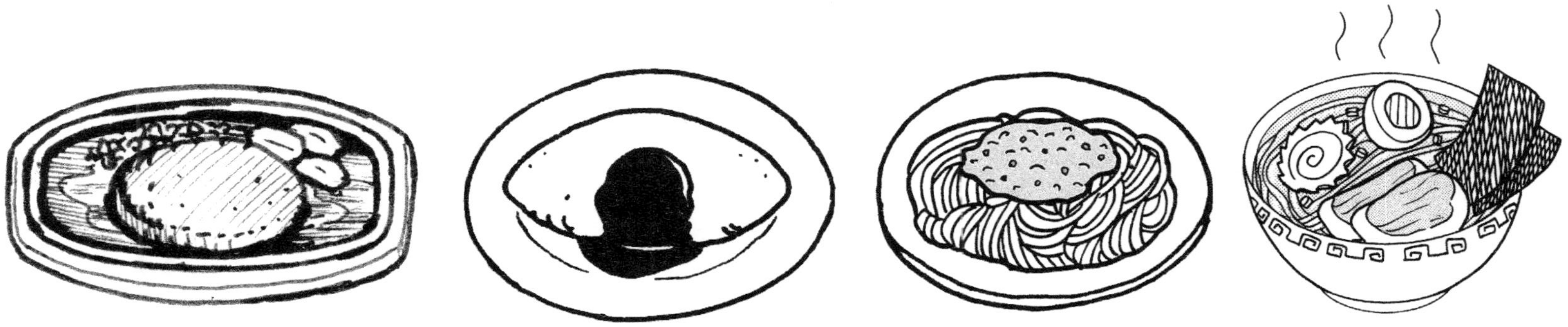

問題２２

①

②

☆　星野学園小学校

問題２３

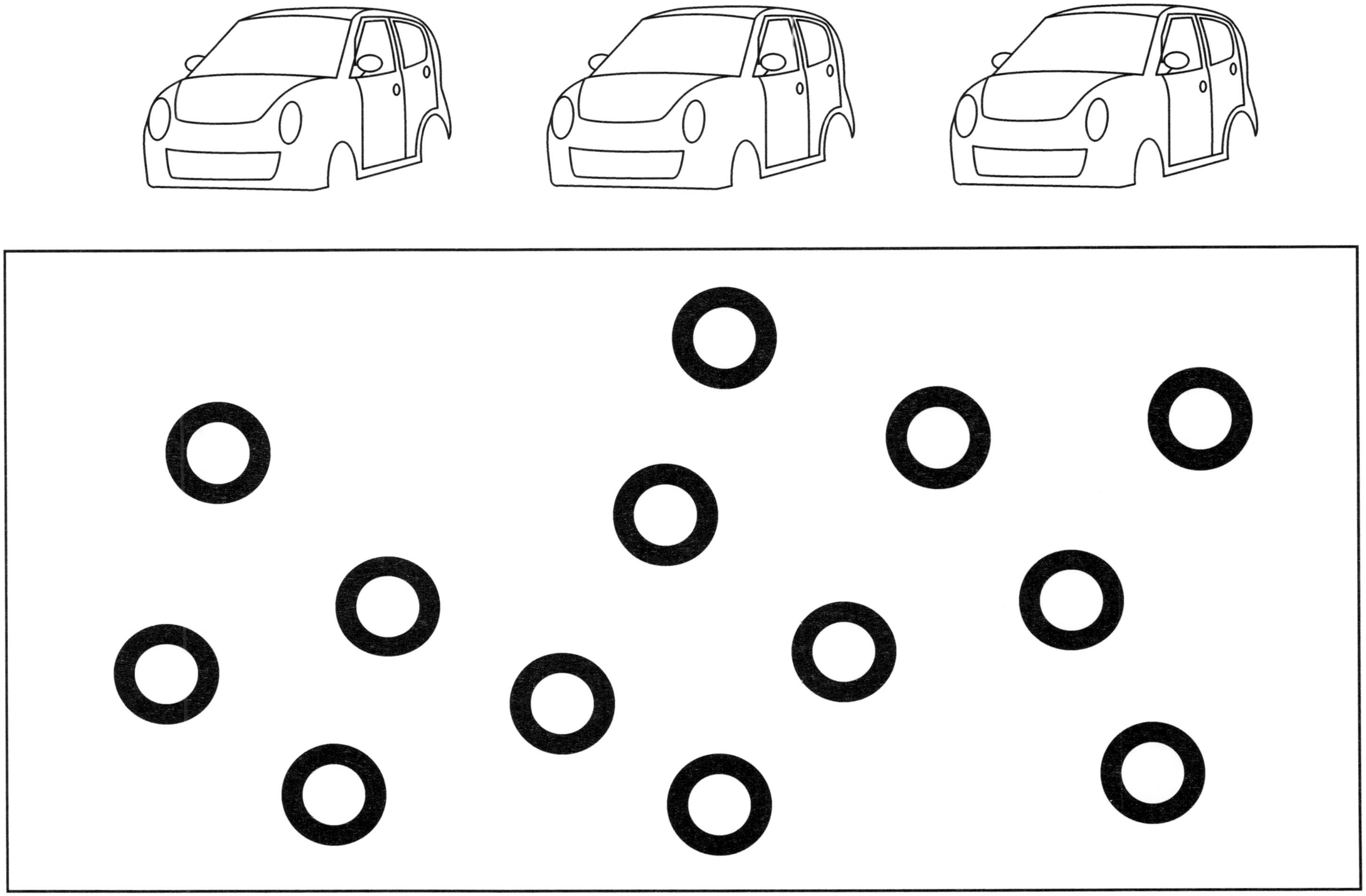

2021年度 西武文理・星野学園 過去 無断複製／転載を禁ずる

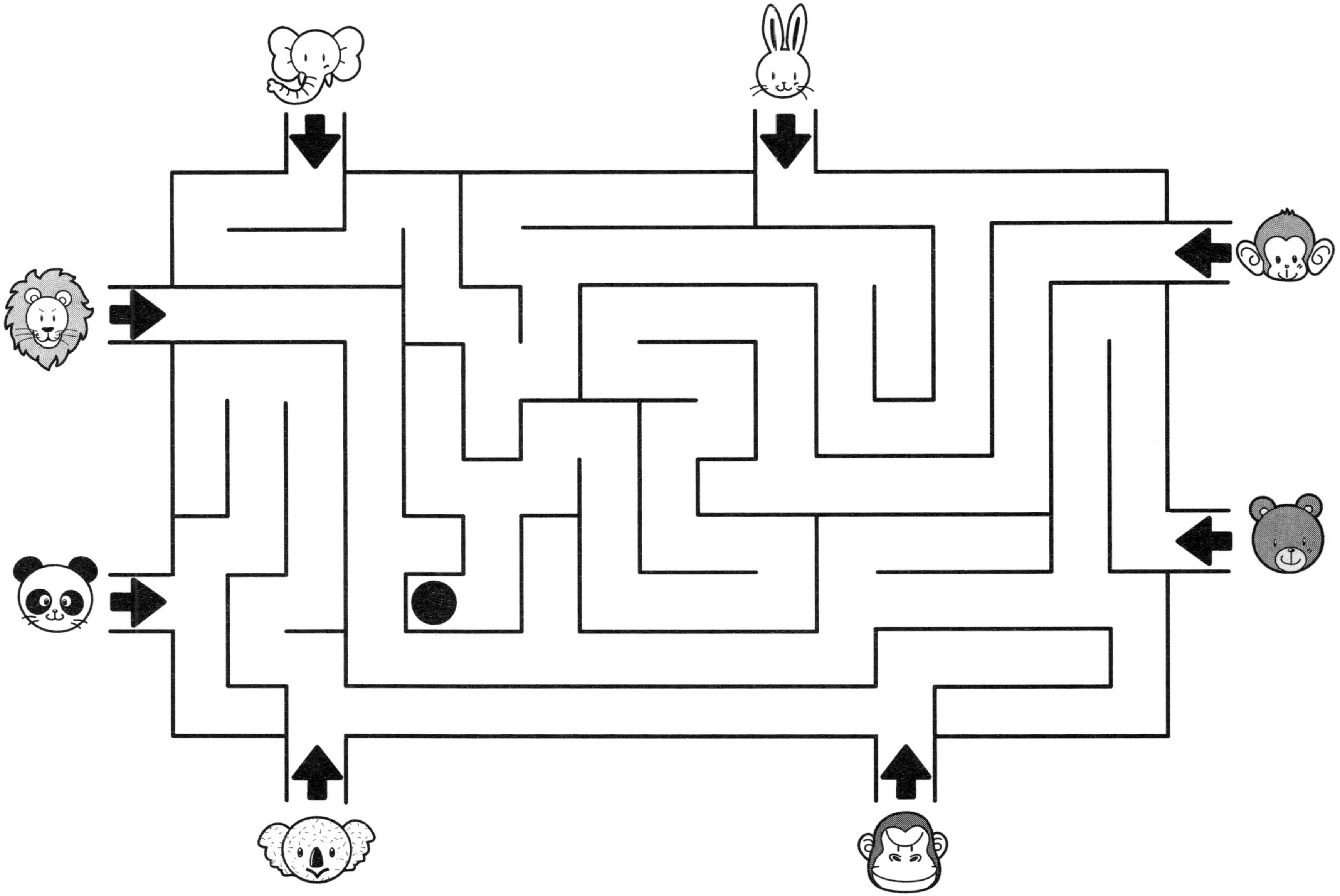

☆　星野学園小学校

問題２５

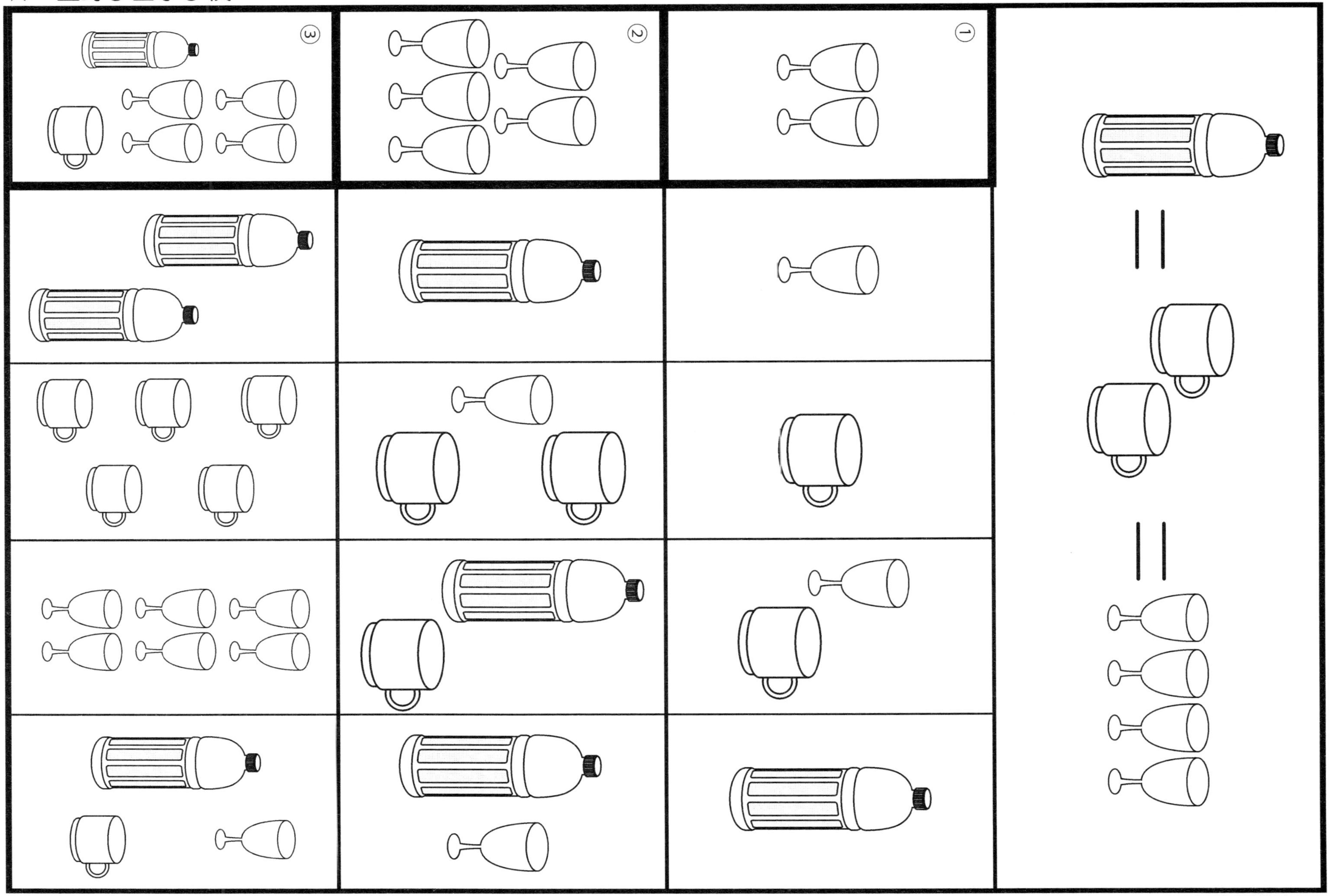

問題26

①

②

☆星野学園小学校

日本学習図書株式会社

2021年度 西武文理・星野学園 過去 無断複製／転載を禁ずる

☆ 星野学園小学校

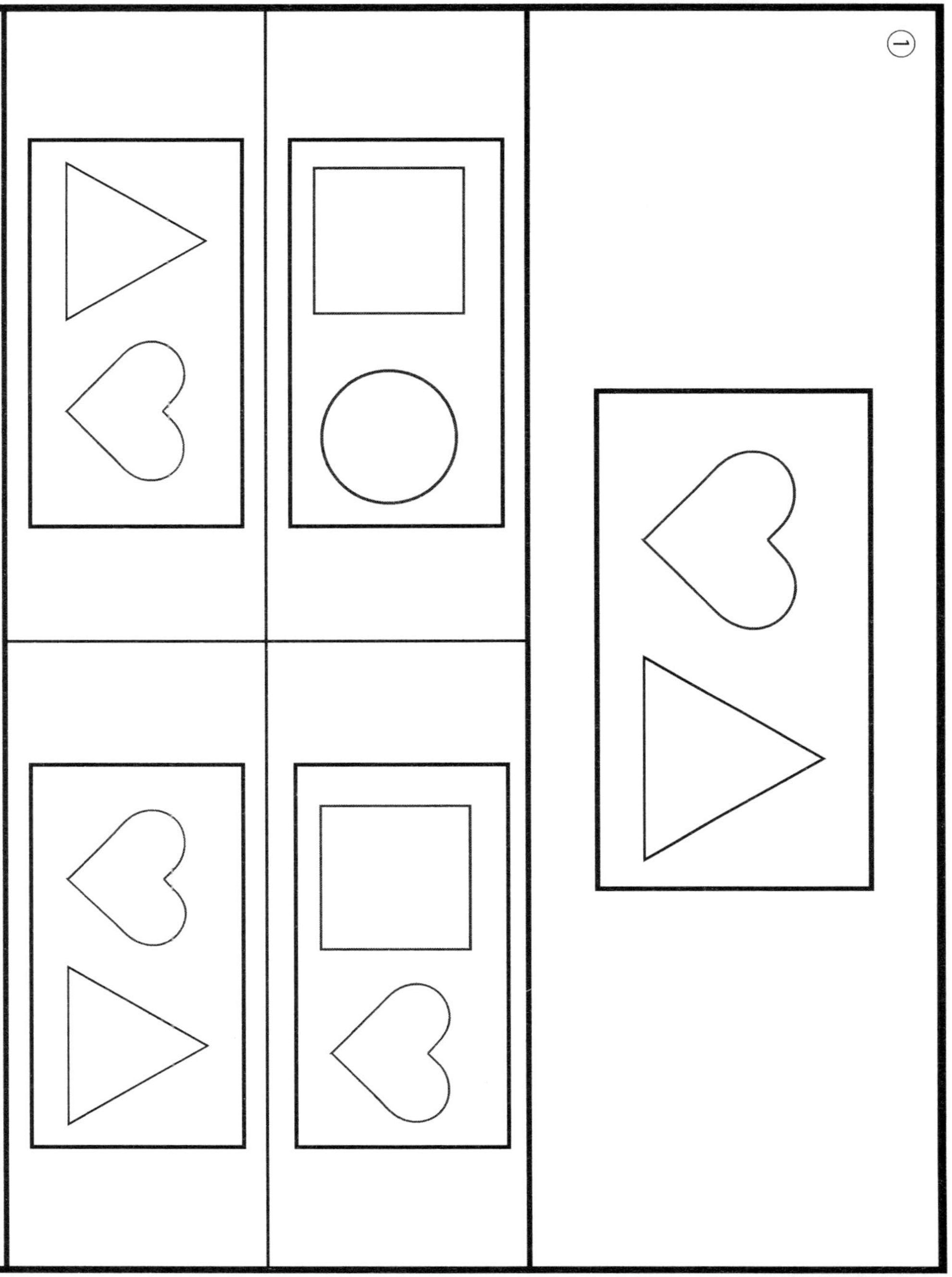

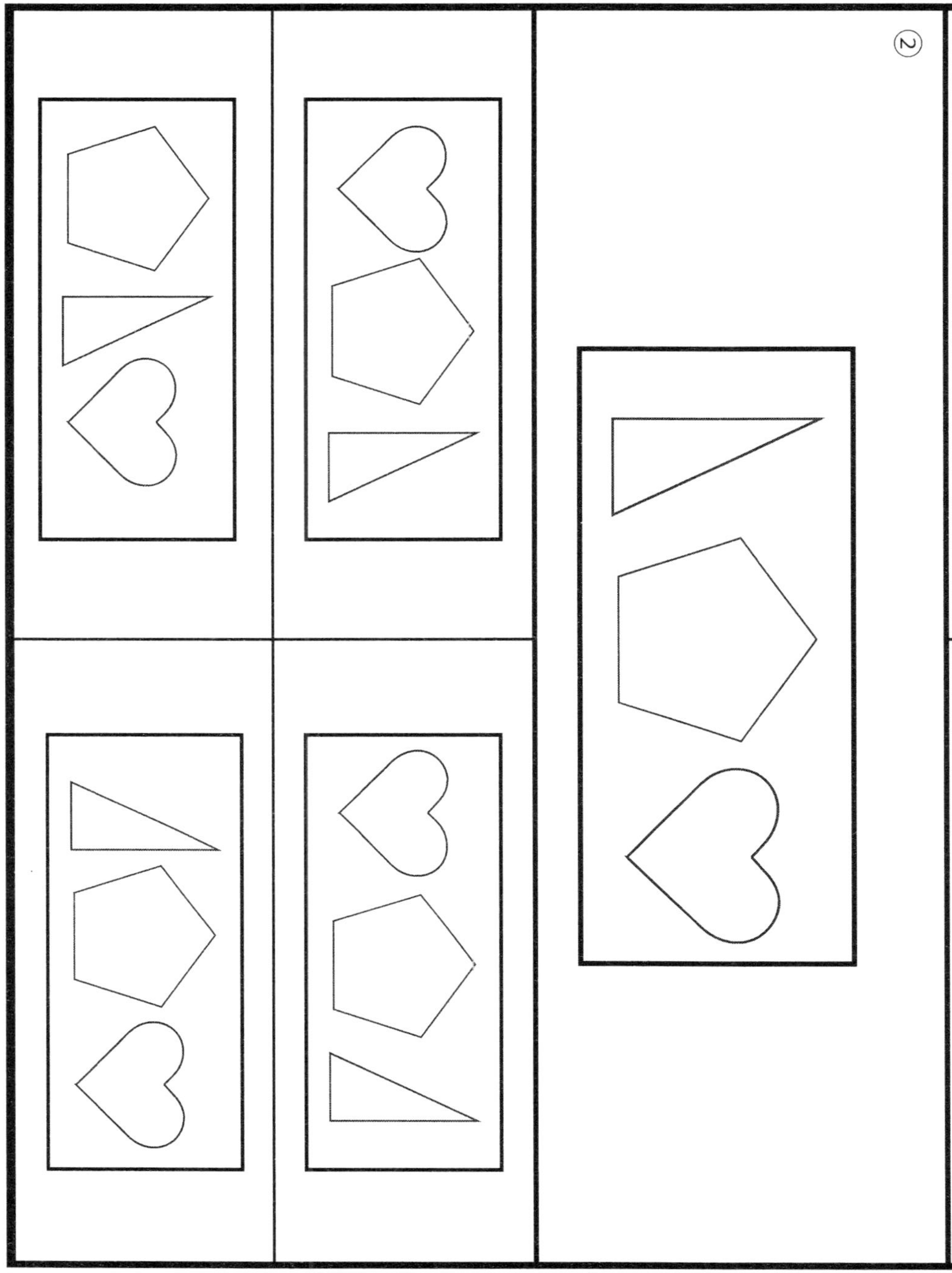

問題２８

①

②

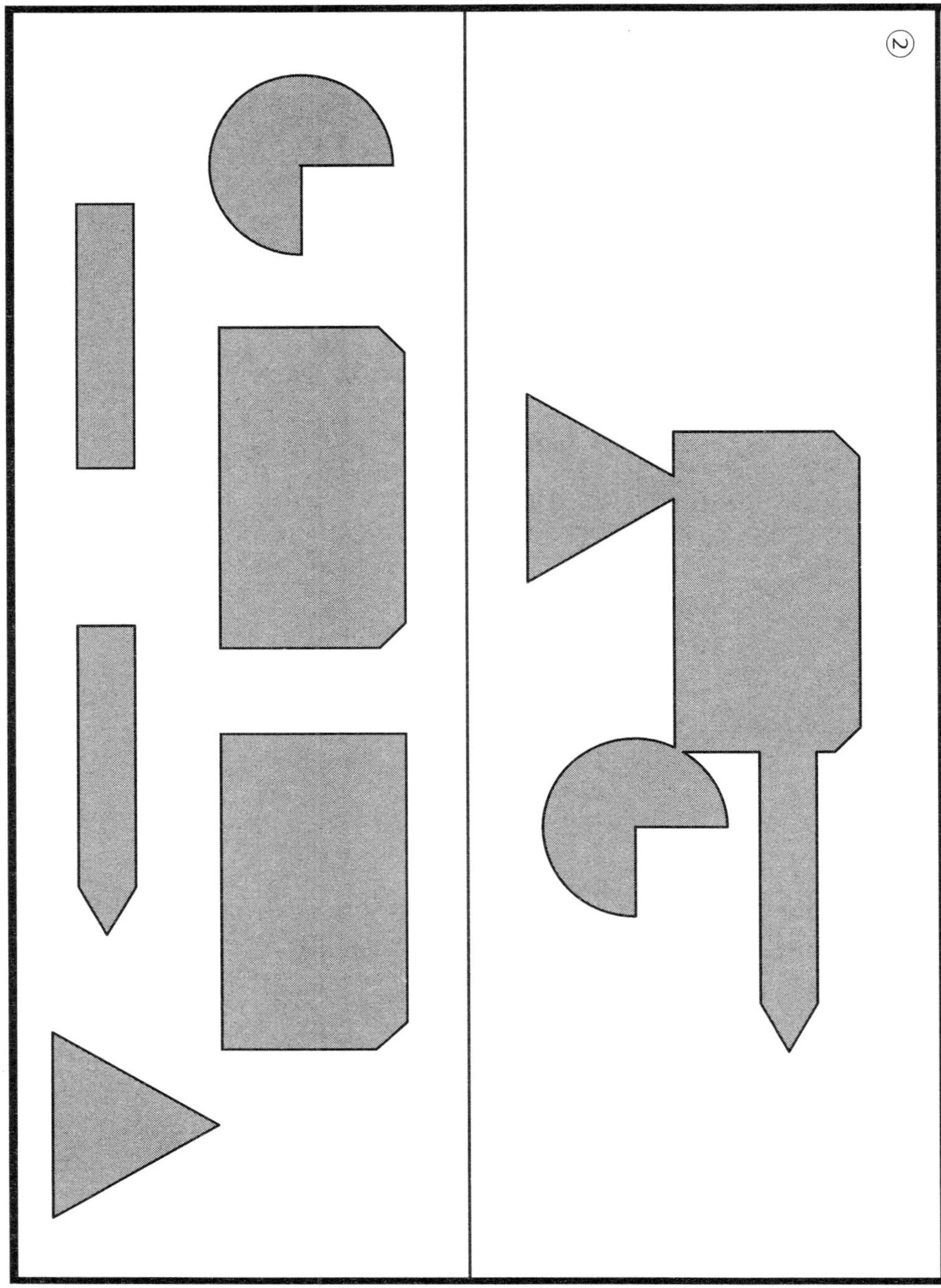

①

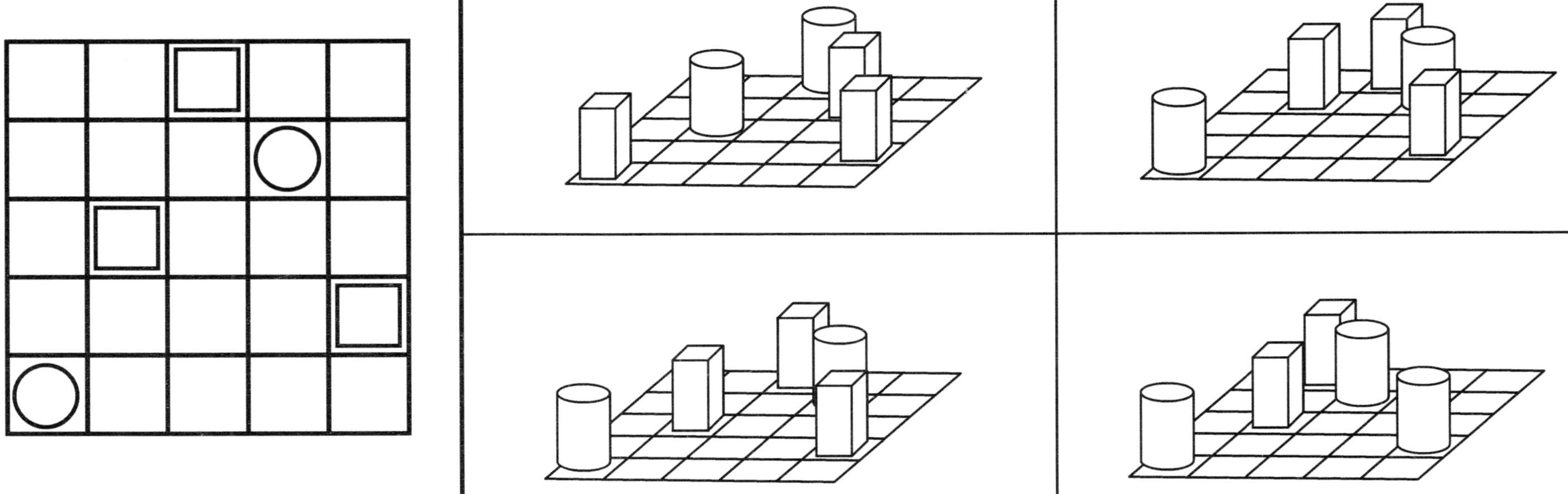

②

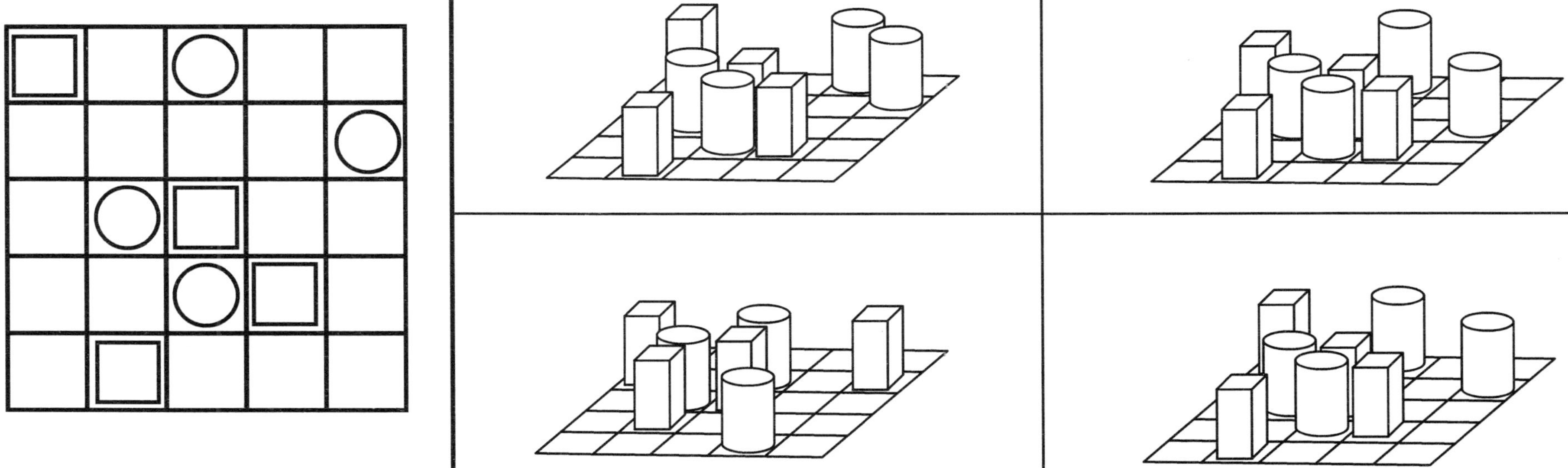

☆　星野学園小学校

問題３０

①

②

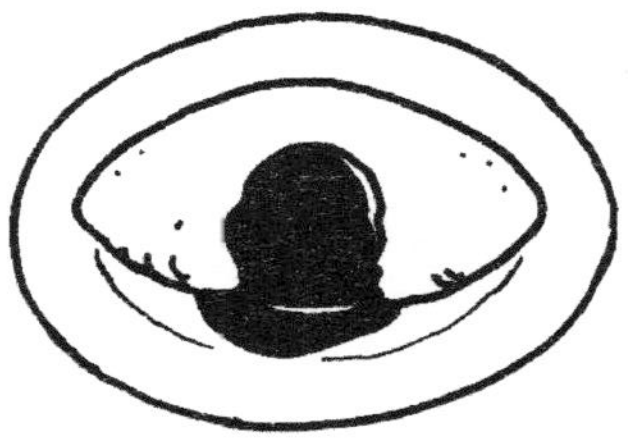

③

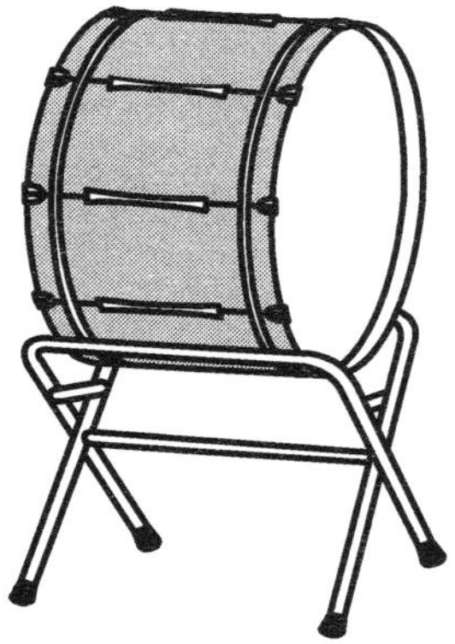
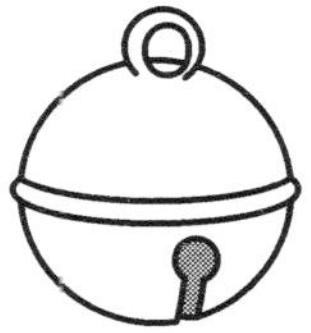
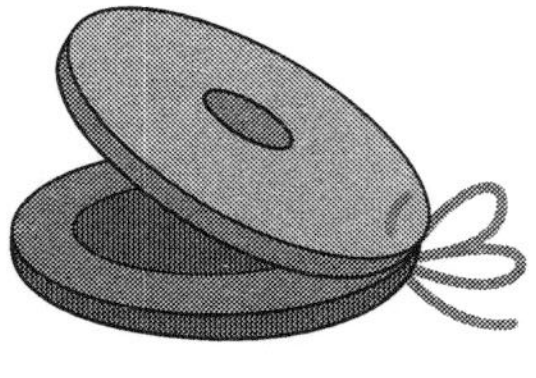

☆　星野学園小学校

問題３１

①

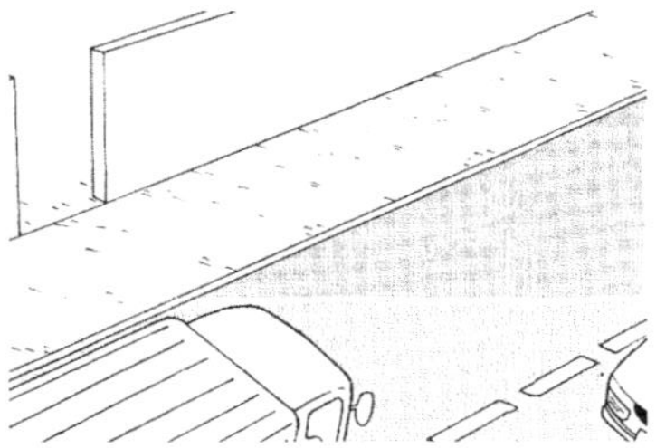

②

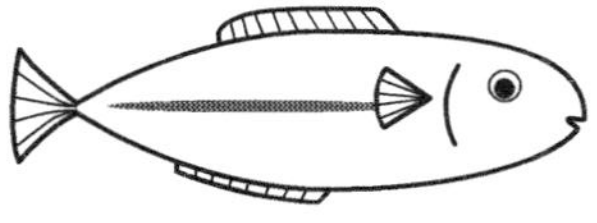

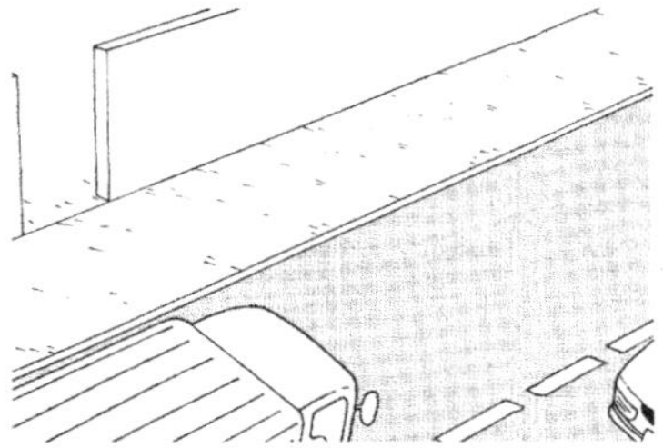

③

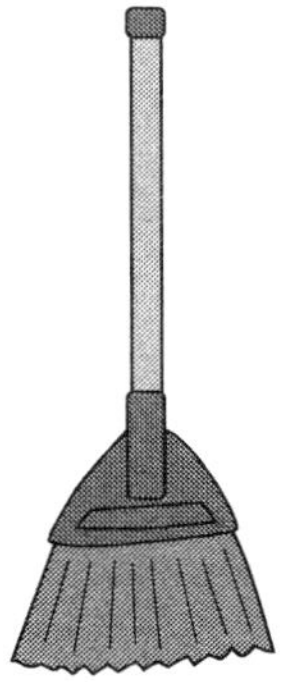

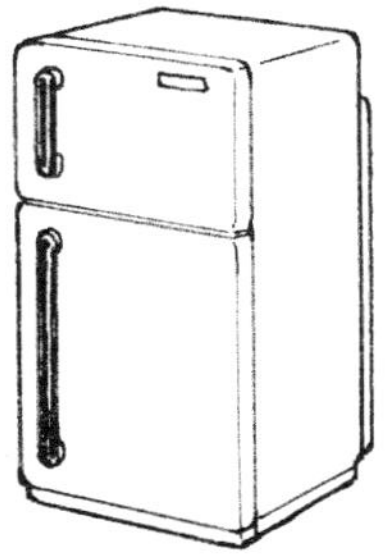

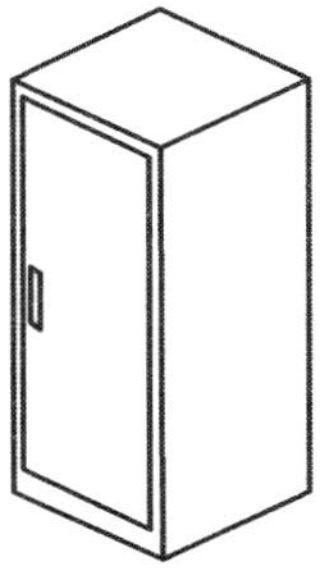

問題３２

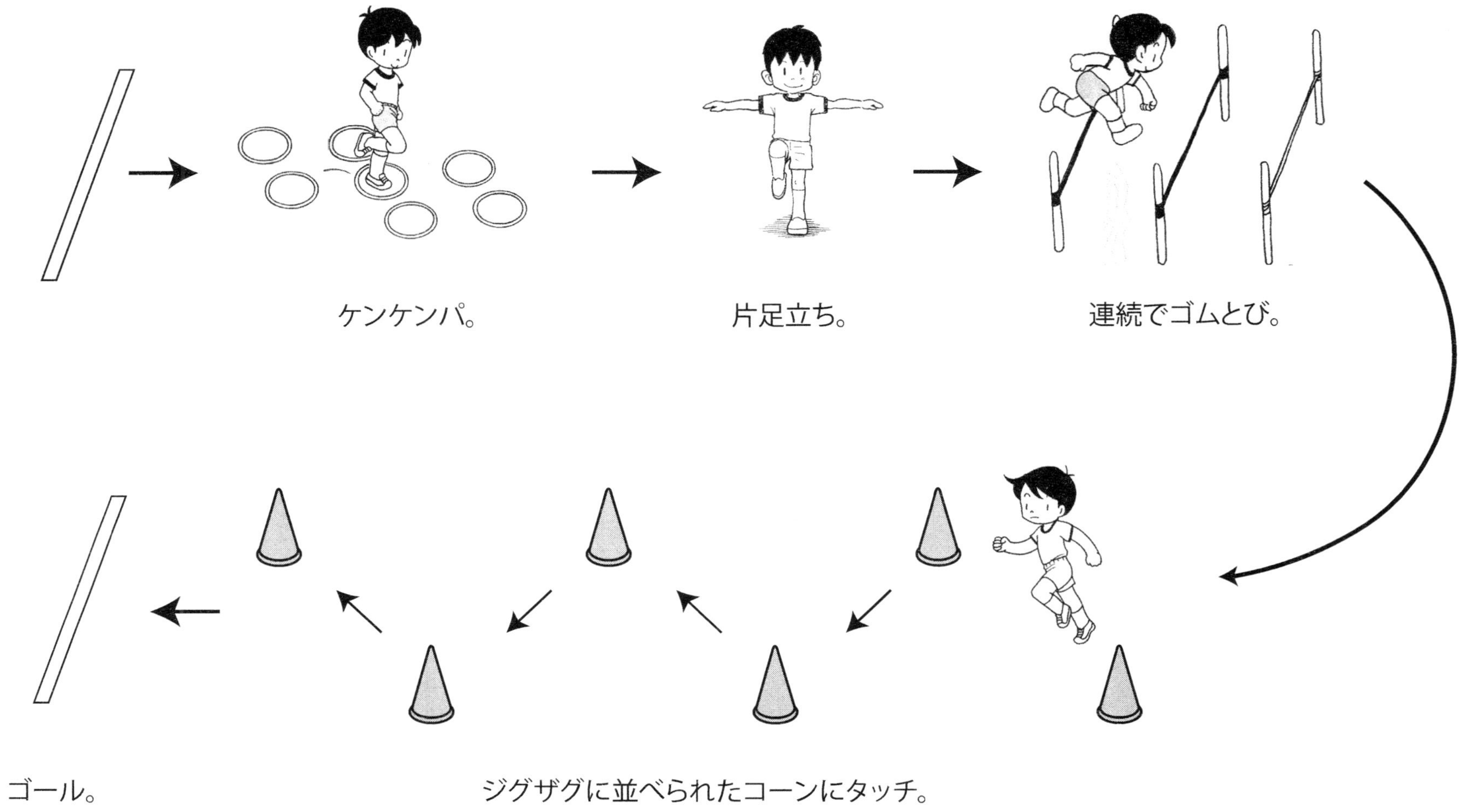
ケンケンパ。
片足立ち。
連続でゴムとび。
ゴール。
ジグザグに並べられたコーンにタッチ。

①

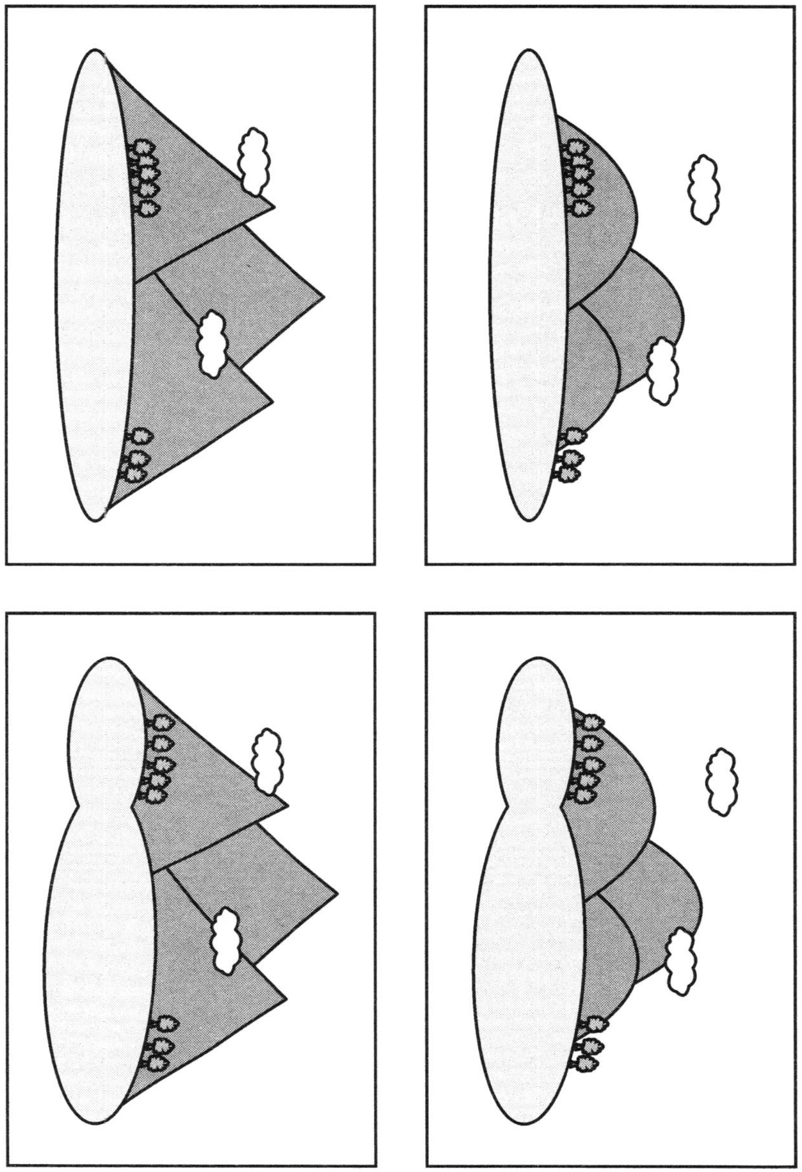

②

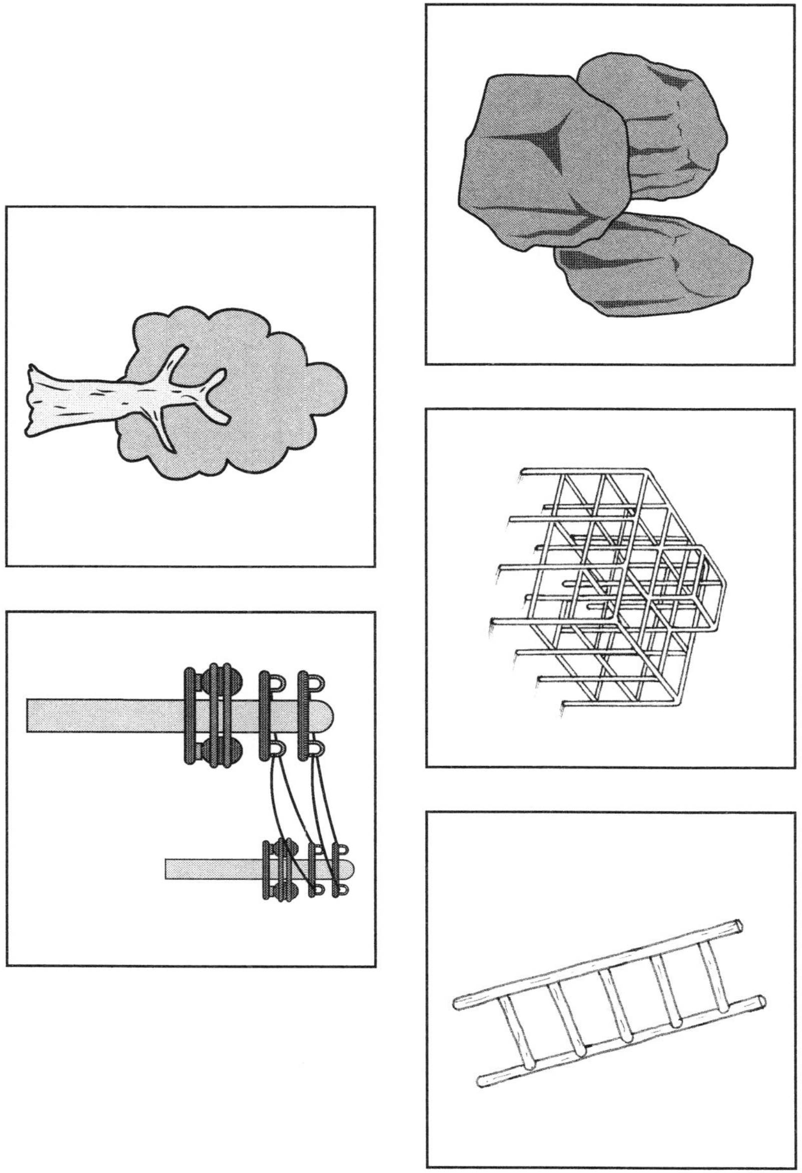

問題３５－２

③

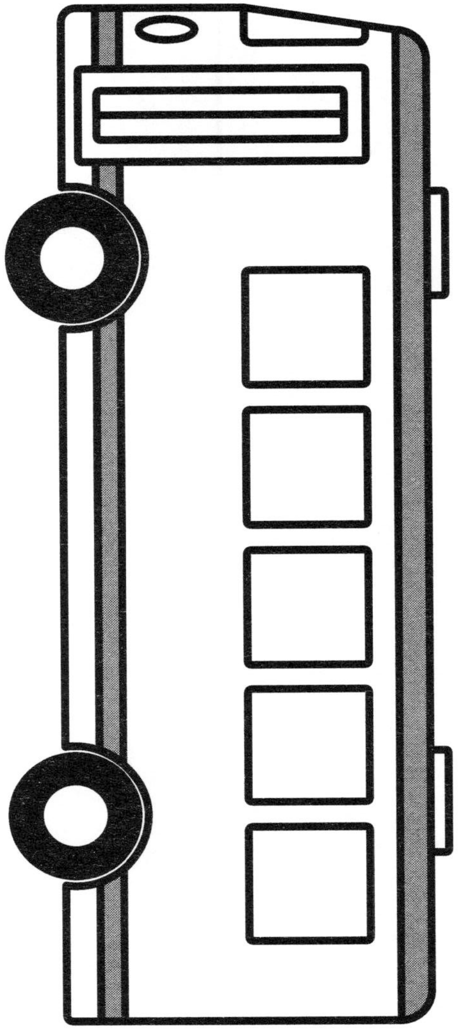

④

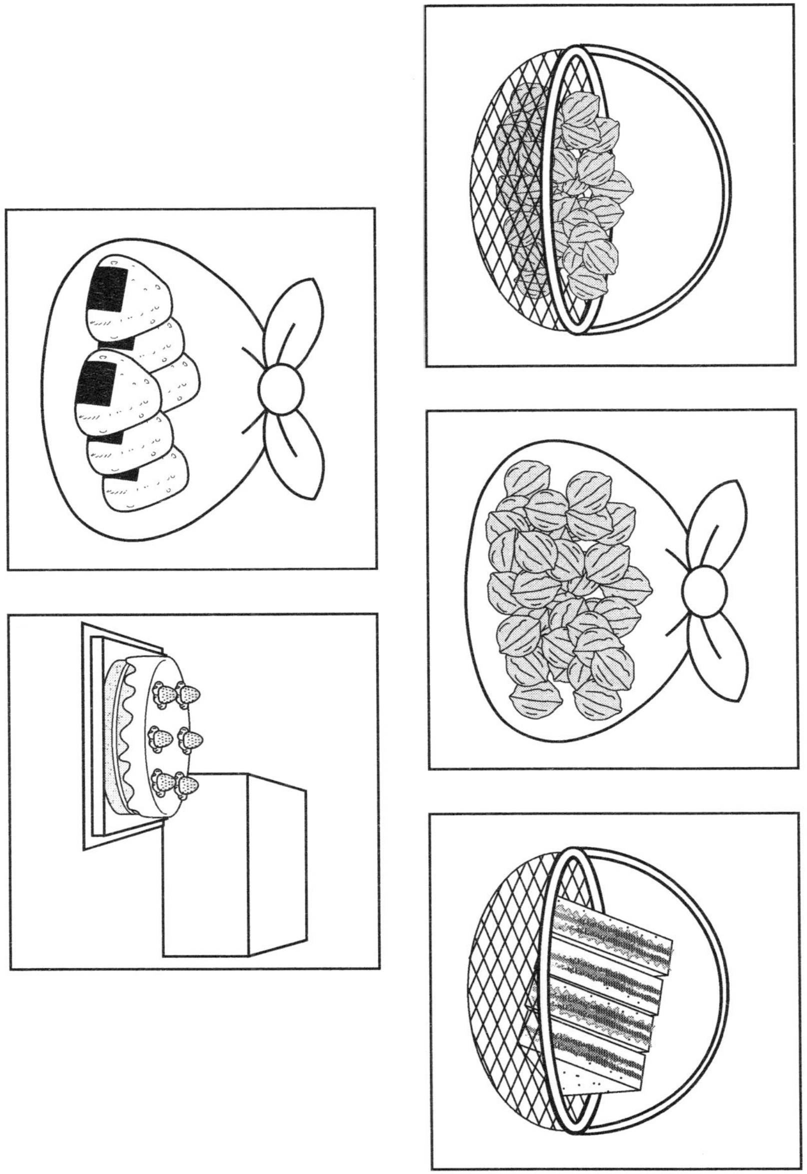

⑤

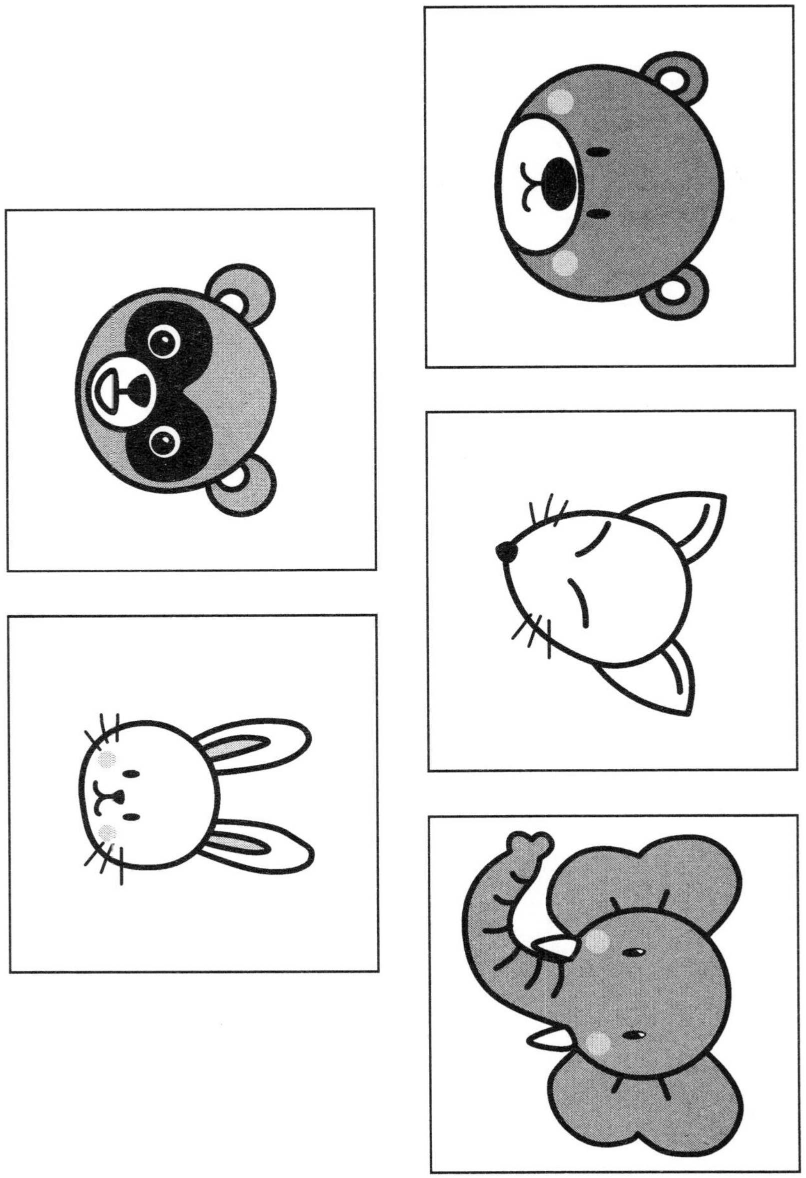

⑥

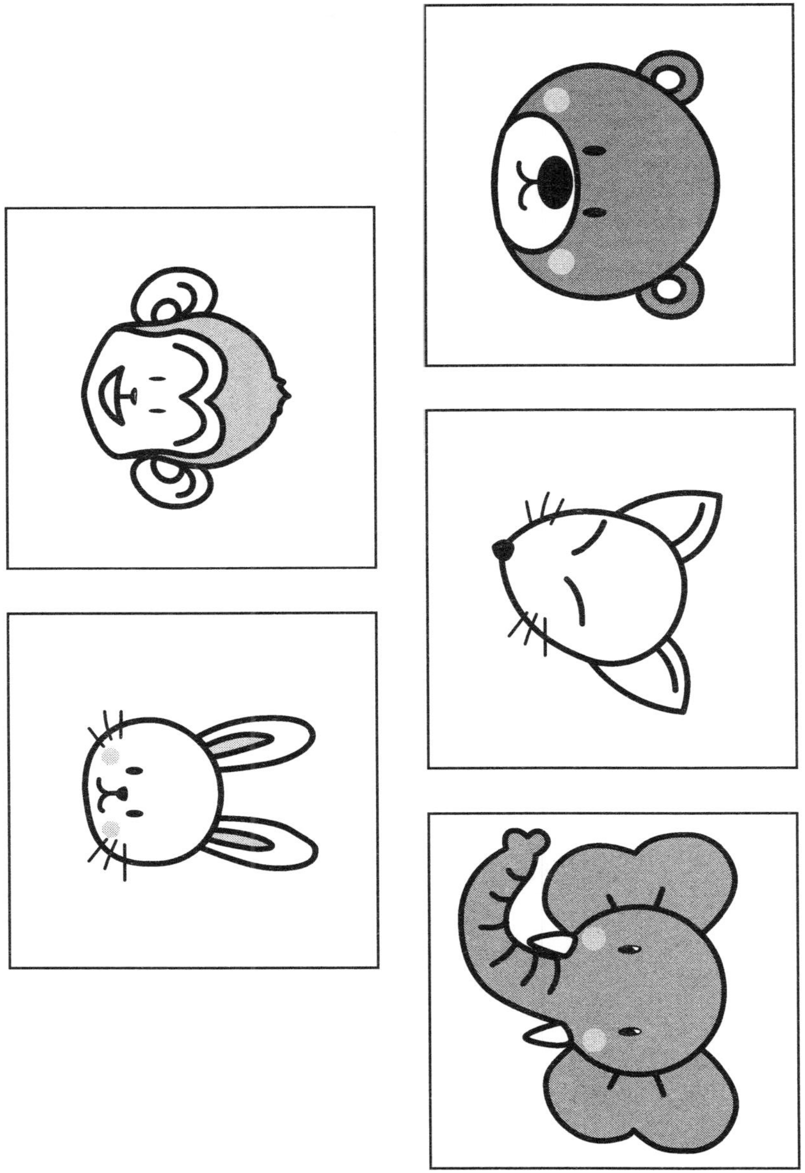

問題３５－４

⑦

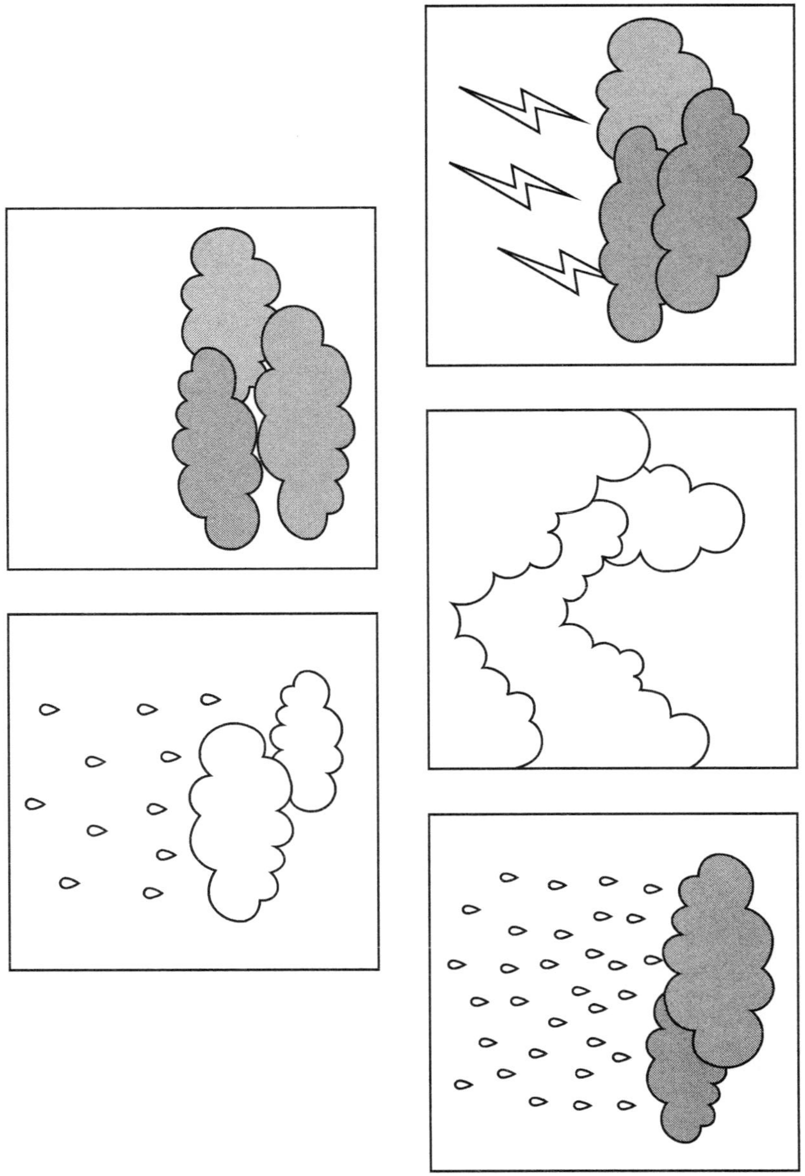

⑧

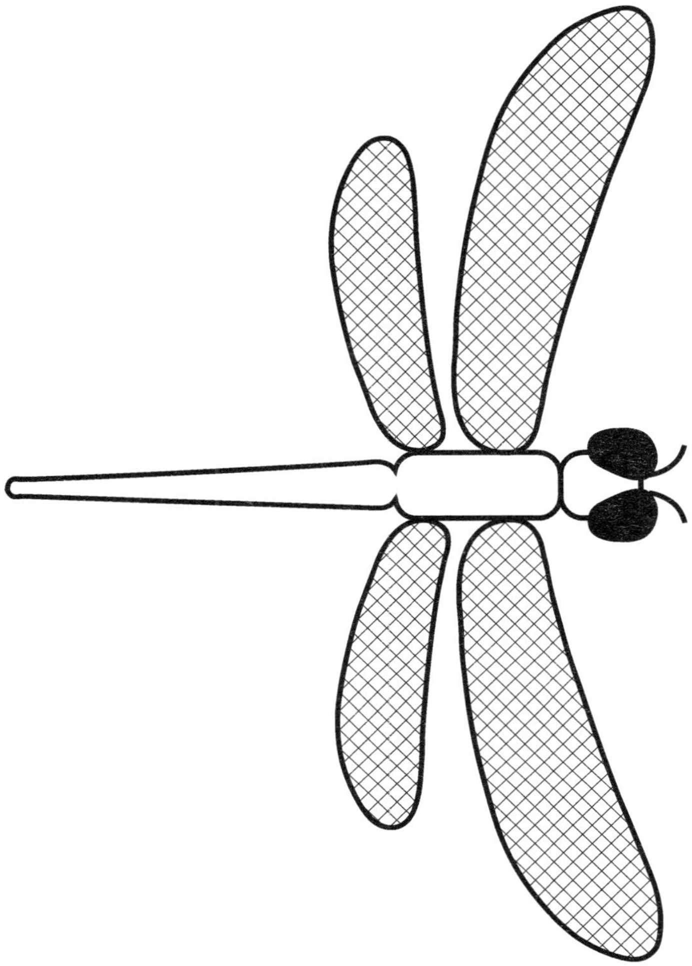

日本学習図書株式会社

2021年度　西武文理・星野学園　過去　無断複製／転載を禁ずる

☆　星野学園小学校

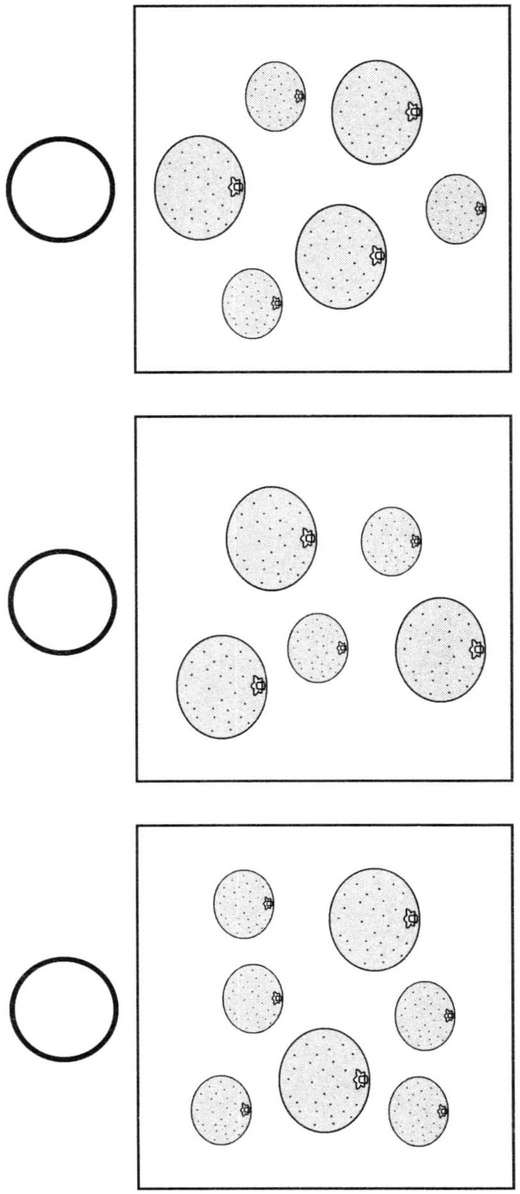

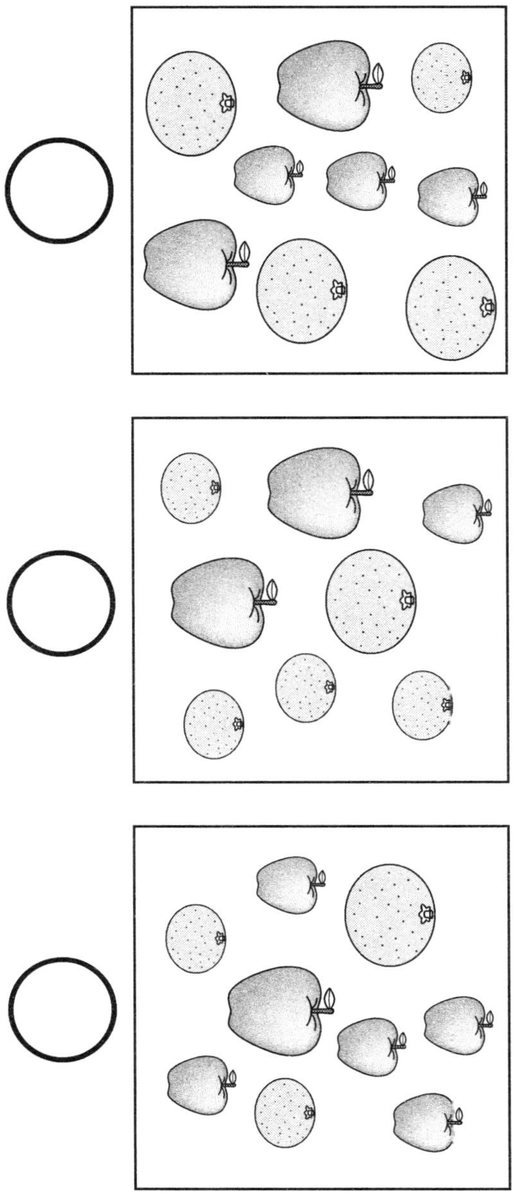

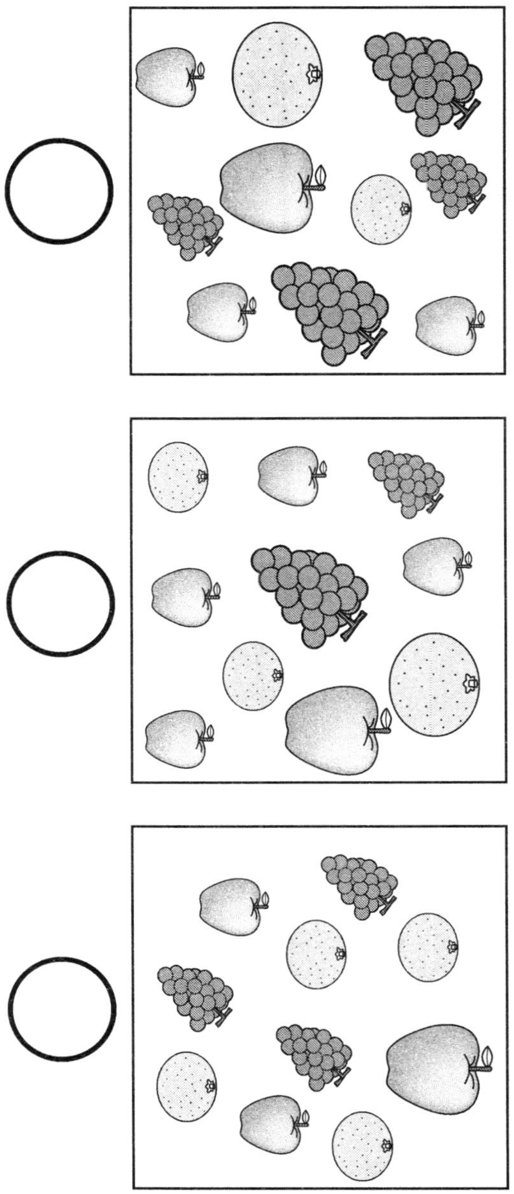

☆　星野学園小学校

問題３７

①

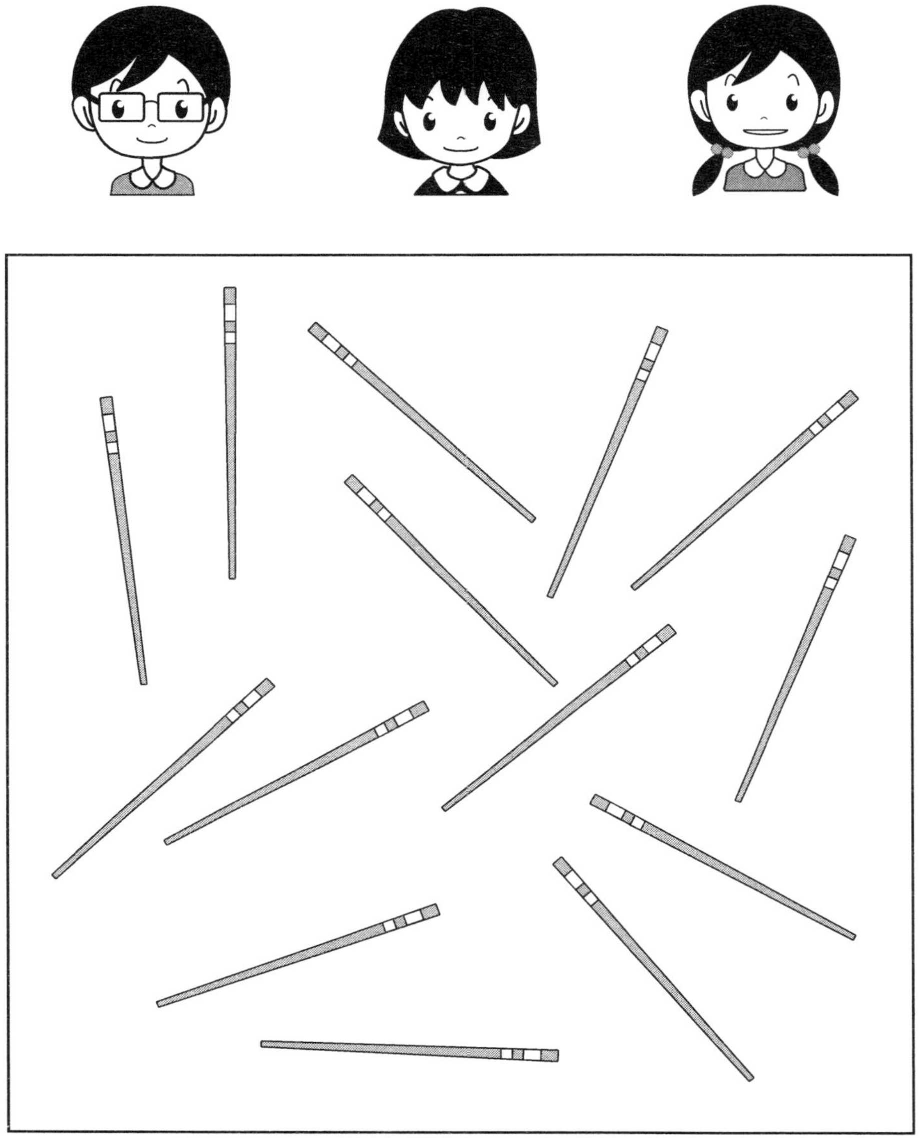

②

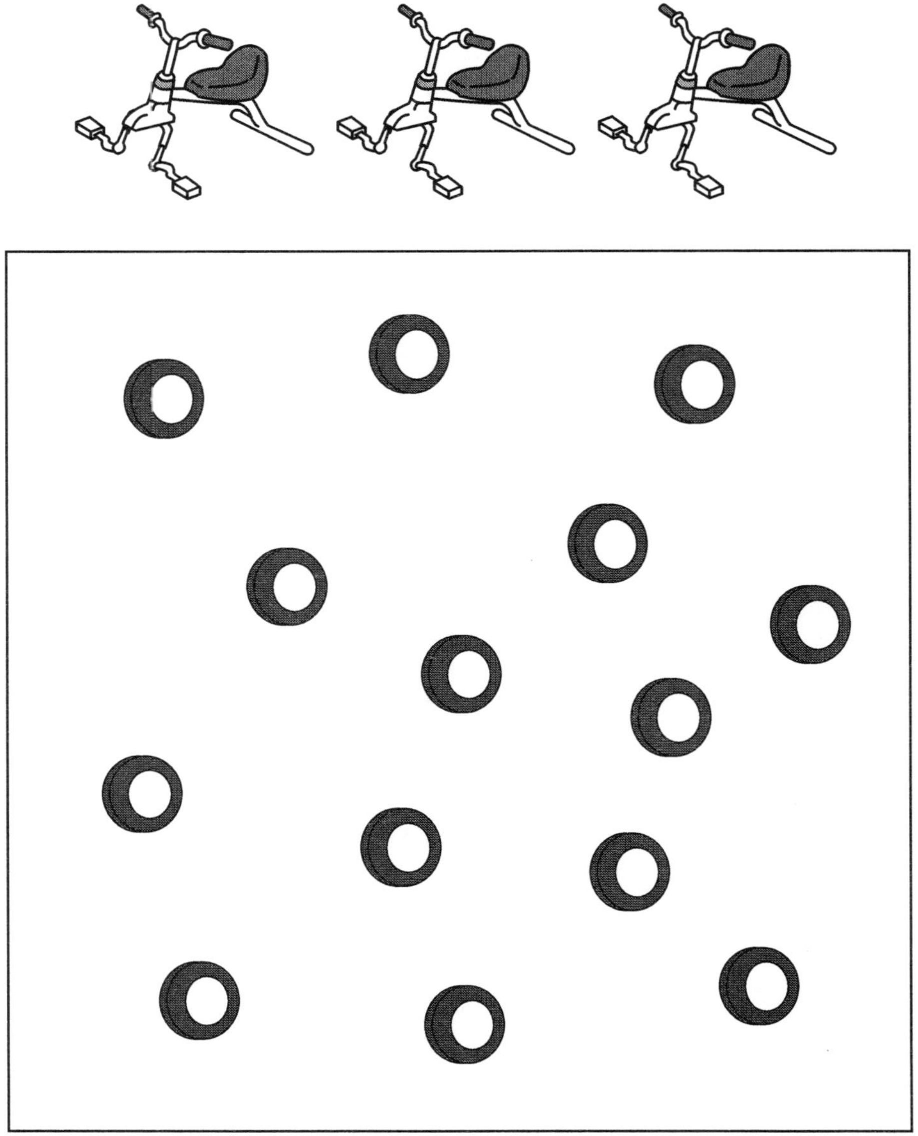

　

日本学習図書株式会社

①

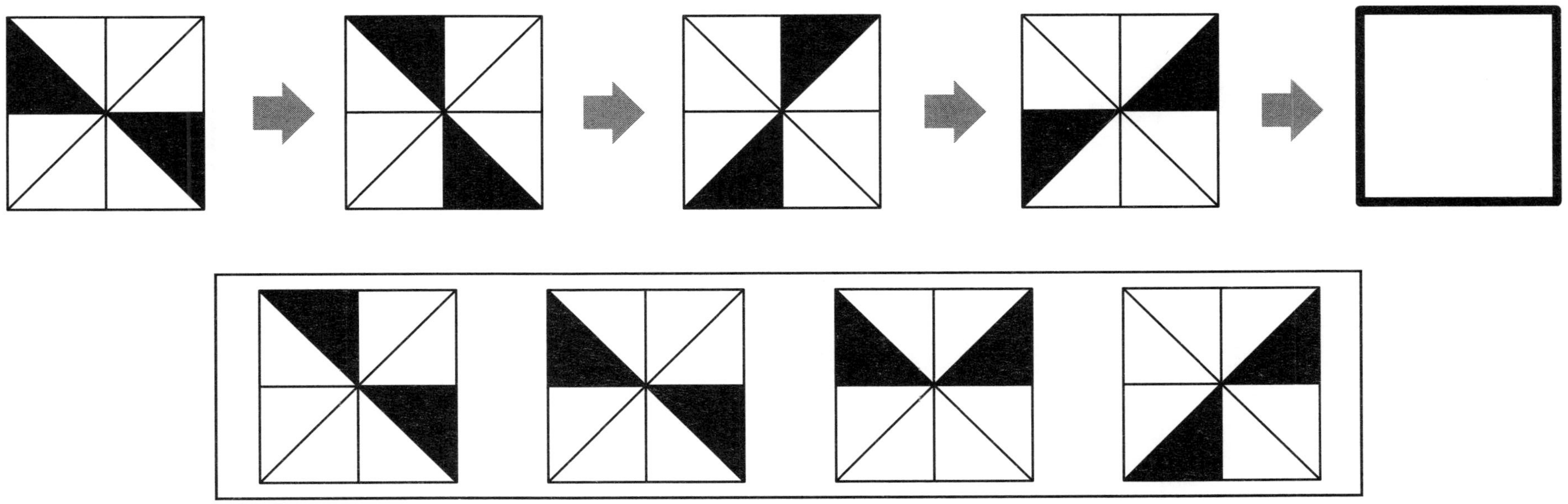

②

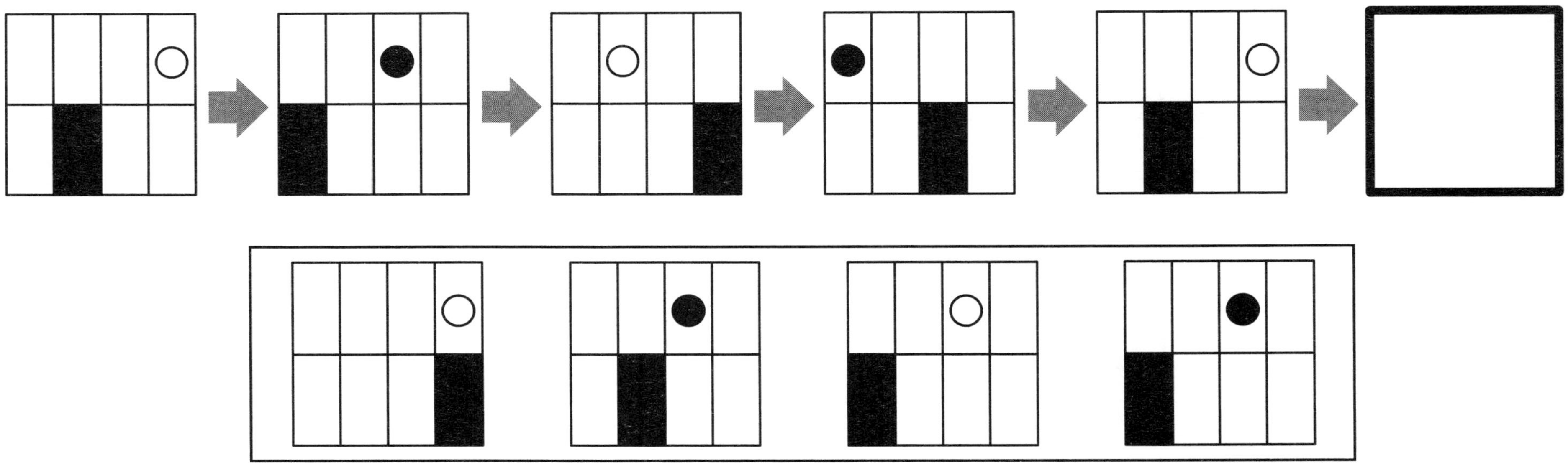

☆　星野学園小学校

問題３９

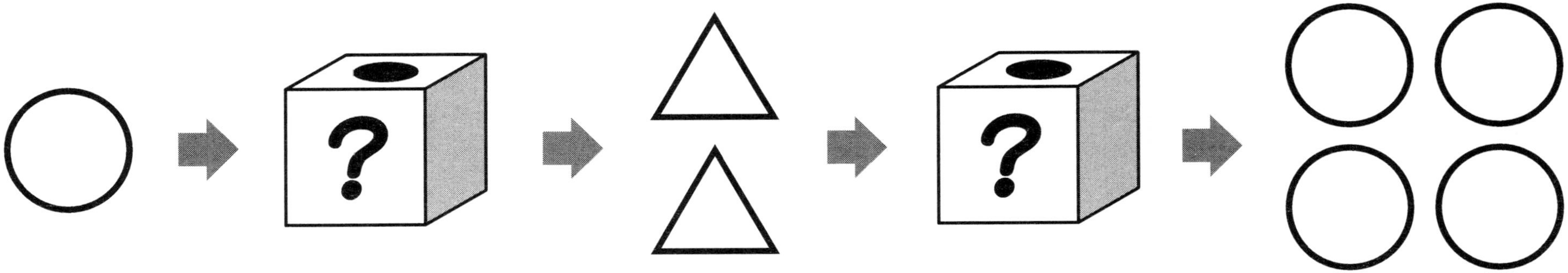

①

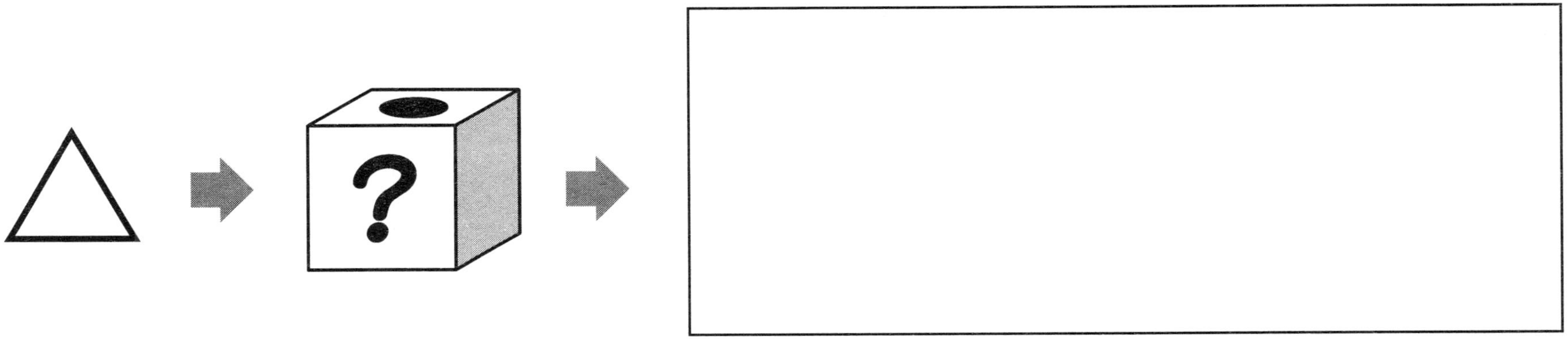

②

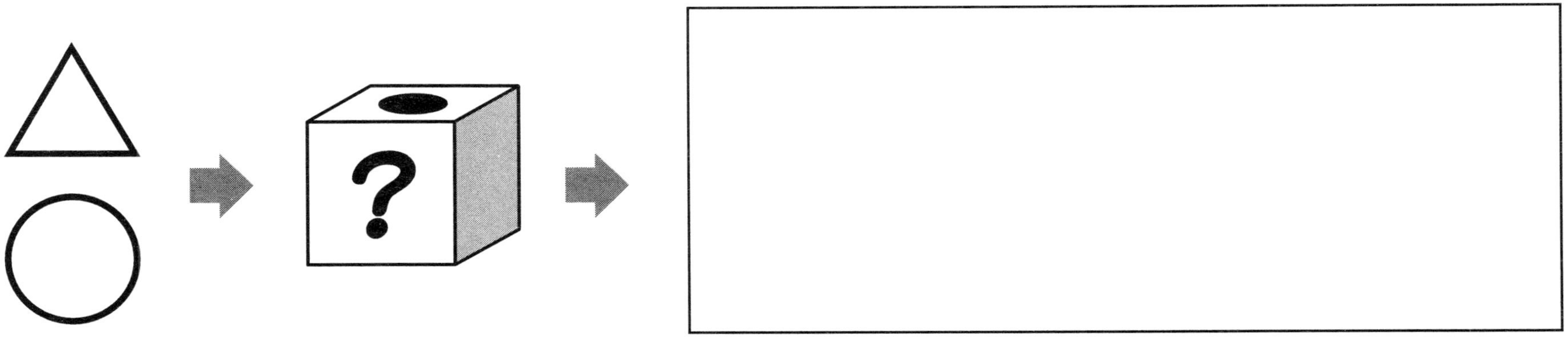

日本学習図書株式会社

☆　星野学園小学校

問題40

①

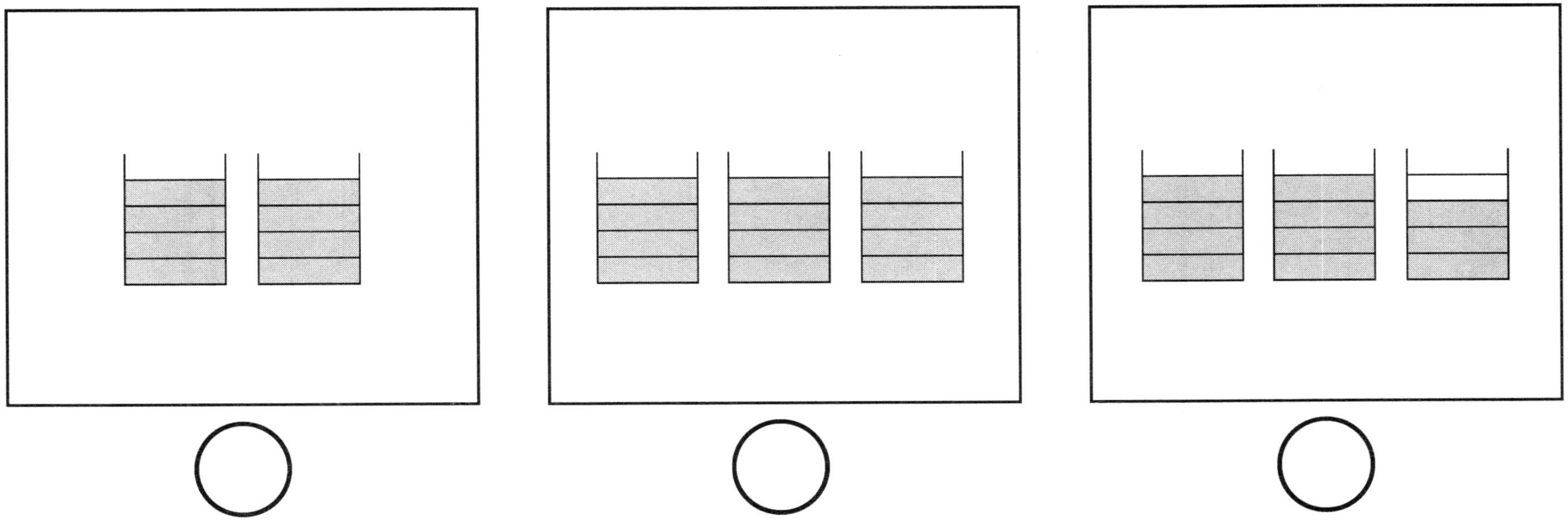

②

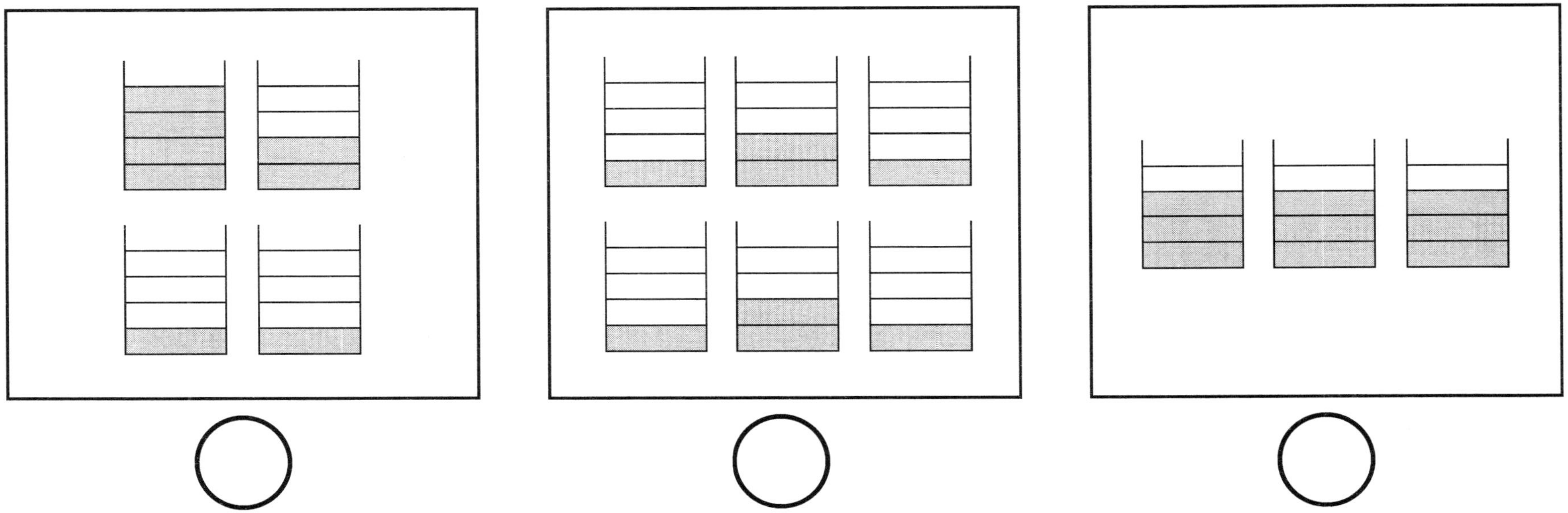

図書カード 1000 円分プレゼント

ご記入日 令和　年　月　日

☆国・私立小学校受験アンケート☆

※可能な範囲でご記入下さい。選択肢は○で囲んで下さい。

〈小学校名〉＿＿＿＿＿＿＿＿　〈お子さまの性別〉男・女　〈誕生月〉＿＿月

〈その他の受験校〉（複数回答可）＿＿＿＿＿＿＿＿＿＿＿＿

〈受験日〉①：＿月＿日〈時間〉＿時＿分　～　＿時＿分

②：＿月＿日〈時間〉＿時＿分　～　＿時＿分

〈受験者数〉男女計＿＿名（男子＿＿名　女子＿＿名）

〈お子さまの服装〉＿＿＿＿＿＿＿＿＿＿＿＿

〈入試全体の流れ〉（記入例）準備体操→行動観察→ペーパーテスト

＿＿＿＿＿＿＿＿＿＿＿＿＿＿＿＿＿＿＿＿

Eメールによる情報提供

日本学習図書では、Eメールでも入試情報を募集しております。

下記のアドレスに、アンケートの内容をご入力の上、メールをお送り下さい。

ojuken@nichigaku.jp

●行動観察　（例）好きなおもちゃで遊ぶ・グループで協力するゲームなど

〈実施日〉＿月＿日〈時間〉＿時＿分　～　＿時＿分〈着替え〉□有　□無

〈出題方法〉□肉声　□録音　□その他（　　　　）〈お手本〉□有　□無

〈試験形態〉□個別　□集団（　　人程度）

〈会場図〉

〈内容〉

□自由遊び

＿＿＿＿＿＿＿＿＿＿＿＿＿＿＿＿

□グループ活動

＿＿＿＿＿＿＿＿＿＿＿＿＿＿＿＿

□その他

＿＿＿＿＿＿＿＿＿＿＿＿＿＿＿＿

●運動テスト（有・無）　（例）跳び箱・チームでの競争など

〈実施日〉＿月＿日〈時間〉＿時＿分　～　＿時＿分〈着替え〉□有　□無

〈出題方法〉□肉声　□録音　□その他（　　　　）〈お手本〉□有　□無

〈試験形態〉□個別　□集団（　　人程度）

〈会場図〉

〈内容〉

□サーキット運動

□走り　□跳び箱　□平均台　□ゴム跳び

□マット運動　□ボール運動　□なわ跳び

□クマ歩き

□グループ活動＿＿＿＿＿＿＿＿＿＿＿＿

□その他＿＿＿＿＿＿＿＿＿＿＿＿

●知能テスト・口頭試問

〈実施日〉 ＿＿月＿＿日 **〈時間〉** ＿＿時＿＿分 ～ ＿＿時＿＿分 **〈お手本〉** □有 □無

〈出題方法〉 □肉声 □録音 □その他（　　　　　　） **〈問題数〉** ＿＿枚 ＿＿問

分野	方法	内　容	詳細・イラスト
(例) お話の記憶	☑筆記 □口頭	動物たちが待ち合わせをする話	(あらすじ) 動物たちが待ち合わせをした。最初にウサギさんが来た。次にイヌくんが、その次にネコさんが来た。最後にタヌキくんが来た。 (問題・イラスト) ３番目に来た動物は誰か 
お話の記憶	□筆記 □口頭		(あらすじ) (問題・イラスト)
図形	□筆記 □口頭		
言語	□筆記 □口頭		
常識	□筆記 □口頭		
数量	□筆記 □口頭		
推理	□筆記 □口頭		
その他	□筆記 □口頭		

●制作　（例）ぬり絵・お絵かき・工作遊びなど

〈実施日〉＿月＿日〈時間〉＿時＿分＿～＿時＿分

〈出題方法〉　□肉声　□録音　□その他（　　　　　）〈お手本〉□有　□無

〈試験形態〉　□個別　□集団（　　　人程度）

材料・道具	制作内容
□ハサミ □のり（□つぼ　□液体　□スティック） □セロハンテープ □鉛筆　□クレヨン（　色） □クーピーペン（　色） □サインペン（　色）□ □画用紙（□ A4　□ B4　□ A3 □その他：　　　　　　） □折り紙　□新聞紙　□粘土 □その他（　　　　　　）	□切る　□貼る　□塗る　□ちぎる　□結ぶ　□描く　□その他（　　　　　　） タイトル：＿＿＿＿＿＿＿＿

●面接

〈実施日〉＿月＿日〈時間〉＿時＿分＿～＿時＿分〈面接担当者〉＿名

〈試験形態〉□志願者のみ（　　）名　□保護者のみ　□親子同時　□親子別々

〈質問内容〉

□志望動機　□お子さまの様子

□家庭の教育方針

□志望校についての知識・理解

□その他（　　　　　　　　　　　）

（　詳　細　）

・

・

・

・

※試験会場の様子をご記入下さい。

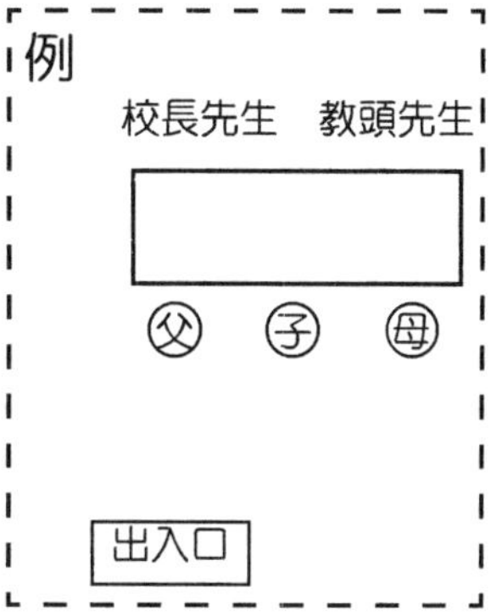

●保護者作文・アンケートの提出（有・無）

〈提出日〉　□面接直前　□出願時　□志願者考査中　□その他（　　　　　　　　）

〈下書き〉　□有　□無

〈アンケート内容〉

（記入例）当校を志望した理由はなんですか（150 字）

●説明会（□有　□無）〈開催日〉＿＿月＿＿日〈時間〉＿＿時＿＿分＿＿～＿＿時＿＿分

〈上履き〉　□要　□不要　〈願書配布〉　□有　□無　〈校舎見学〉　□有　□無

〈ご感想〉

●参加された学校行事（複数回答可）

公開授業〈開催日〉＿＿月＿＿日〈時間〉＿＿時＿＿分＿＿～＿＿時＿＿分

運動会など〈開催日〉＿＿月＿＿日〈時間〉＿＿時＿＿分＿＿～＿＿時＿＿分

学習発表会・音楽会など〈開催日〉＿＿月＿＿日〈時間〉＿＿時＿＿分＿＿～＿＿時＿＿分

〈ご感想〉

※是非参加したほうがよいと感じた行事について

●受験を終えてのご感想、今後受験される方へのアドバイス

※対策学習（重点的に学習しておいた方がよい分野）、当日準備しておいたほうがよい物など

＊＊＊＊＊＊＊＊＊＊＊＊　ご記入ありがとうございました　＊＊＊＊＊＊＊＊＊＊＊＊

必要事項をご記入の上、ポストにご投函ください。

なお、本アンケートの送付期限は入試終了後３ヶ月とさせていただきます。また、入試に関する情報の記入量が当社の基準に満たない場合、謝礼の送付ができないことがございます。あらかじめご了承ください。

ご住所：〒＿＿＿＿＿＿＿＿＿＿＿＿＿＿＿＿＿＿＿＿

お名前：＿＿＿＿＿＿＿＿＿＿　メール：＿＿＿＿＿＿＿＿＿＿

ＴＥＬ：＿＿＿＿＿＿＿＿＿＿　ＦＡＸ：＿＿＿＿＿＿＿＿＿＿

ご記入頂いた個人に関する情報は、当社にて厳重に管理致します。弊社の個人情報取り扱いに関する詳細は、www.nichigaku.jp/policy.php の「個人情報の取り扱い」をご覧下さい。

分野別 小学入試練習帳 ジュニアウォッチャー

1．点・線図形	小学校入試で出題頻度の高い『点・線図形』の模写を、難易度の低いものから段階別に幅広く練習することができるように構成。
2．座標	図形の位置模写という作業を、難易度の低いものから段階別に練習できるように構成。
3．パズル	様々なパズルの問題を難易度の低いものから段階別に練習できるように構成。
4．同図形探し	小学校入試で出題頻度の高い、同図形選びの問題を繰り返し練習できるように構成。
5．回転・展開	図形などを回転、または展開したとき、形がどのように変化するかを学習し、理解を深められるように構成。
6．系列	数、図形などの様々な系列問題を、難易度の低いものから段階別に練習できるように構成。
7．迷路	迷路の問題を繰り返し練習できるように構成。
8．対称	対称に関する問題を４つのテーマに分類し、各テーマごとに問題を段階別に練習できるように構成。
9．合成	図形の合成に関する問題を、難易度の低いものから段階別に練習できるように構成。
10．四方からの観察	もの（立体）を様々な角度から見て、どのように見えるかを推理する問題を段階別に整理し、１つの形式で複数の問題を練習できるように構成。
11．いろいろな仲間	ものや動物、植物の共通点を見つけ、分類していく問題を中心に構成。
12．日常生活	日常生活における様々な問題を６つのテーマに分類し、各テーマごとに一つの問題形式で複数の問題を練習できるように構成。
13．時間の流れ	『時間』に着目し、様々なものごとは、時間が経過するとどのように変化するのかということを学習し、理解できるように構成。
14．数える	様々なものを『数える』ことから、数の多少の判定やかけ算、わり算の基礎までを練習できるように構成。
15．比較	比較に関する問題を５つのテーマ（数、高さ、長さ、量、重さ）に分類し、各テーマごとに問題を段階別に練習できるように構成。
16．積み木	数える対象を積み木に限定した問題集。
17．言葉の音遊び	言葉の音に関する問題を５つのテーマに分類し、各テーマごとに問題を段階別に練習できるように構成。
18．いろいろな言葉	表現力をより豊かにするいろいろな言葉として、擬態語や擬声語、同音異義語、反意語、数詞を取り上げた問題集。
19．お話の記憶	お話を聴いてその内容を記憶、理解し、設問に答える形式の問題集。
20．見る記憶・聴く記憶	「見て憶える」「聴いて憶える」という『記憶』分野に特化した問題集。
21．お話作り	いくつかの絵を元にしてお話を作る練習をして、想像力を養うことができるように構成。
22．想像画	描かれてある形や景色に好きな絵を描くことにより、想像力を養うことができるように構成。
23．切る・貼る・塗る	小学校入試で出題頻度の高い、はさみやのりなどを用いた巧緻性の問題を繰り返し練習できるように構成。
24・絵画	小学校入試で出題頻度の高い、お絵かきやぬり絵などクレヨンやクーピーペンを用いた巧緻性の問題を繰り返し練習できるように構成。
25．生活巧緻性	小学校入試で出題頻度の高い日常生活の様々な場面における巧緻性の問題集。
26．文字・数字	ひらがなの清音、濁音、拗音、拗長音、促音と１～20までの数字に焦点を絞り、練習できるように構成。
27．理科	小学校入試で出題頻度が高くなりつつある理科の問題を集めた問題集。
28．運動	出題頻度の高い運動問題を種目別に分けて構成。
29．行動観察	項目ごとに問題提起をし、「このような時はどうか、あるいはどう対処するのか」の観点から問いかける形式の問題集。
30．生活習慣	学校から家庭に提起された問題と思って、一問一問絵を見ながら話し合い、考える形式の問題集。

31．推理思考	数、量、言語、常識（含理科、一般）など、諸々のジャンルから問題を構成し、近年の小学校入試問題傾向に沿って構成。
32．ブラックボックス	箱や筒の中を通ると、どのようなお約束でどのように変化するかを推理・思考する問題集。
33．シーソー	重さの違うものをシーソーに乗せた時どちらに傾くのか、またどうすればシーソーは釣り合うのかを思考する基礎的な問題集。
34．季節	様々な行事や植物などを季節別に分類できるように知識をつける問題集。
35．重ね図形	小学校入試で頻繁に出題されている「図形を重ね合わせてできる形」についての問題を集めました。
36．同数発見	様々な物を数え「同じ数」を発見し、数の多少の判断や数の認識の基礎を学べるように構成した問題集。
37．選んで数える	数の学習の基本となる、いろいろなものの数を正しく数える学習を行う問題集。
38．たし算・ひき算１	数字を使わず、たし算とひき算の基礎を身につけるための問題集。
39．たし算・ひき算２	数字を使わず、たし算とひき算の基礎を身につけるための問題集。
40．数を分ける	数を等しく分ける問題です。等しく分けたときに余りが出るものもあります。
41．数の構成	ある数がどのような数で構成されているか学んでいきます。
42．一対多の対応	一対一の対応から、一対多の対応まで、かけ算の考え方の基礎学習を行います。
43．数のやりとり	あげたり、もらったり、数の変化をしっかりと学びます。
44．見えない数	指定された条件から数を導き出します。
45．図形分割	図形の分割に関する問題集。パズルや合成の分野にも通じる様々な問題を集めました。
46．回転図形	「回転図形」に関する問題集。やさしい問題から始め、いくつかの代表的なパターンから、段階を踏んで学習できるよう編集されています。
47．座標の移動	「マス目の指示通りに移動する問題」と「指示された数だけ移動する問題」を収録。
48．鏡図形	鏡で左右反転させた時の見え方を考えます。平面図形から立体図形、文字、絵まで。
49．しりとり	すべての学習の基礎となる「言葉」を学ぶこと、特に「語彙」を増やすことに重点をおき、さまざまなタイプの「しりとり」問題を集めました。
50．観覧車	観覧車やメリーゴーラウンドなどを舞台にした「回転系列」の問題集。「推理思考」分野の問題ですが、要素として「図形」や「数量」も含みます。
51．運筆①	鉛筆の持ち方を学び、点線なぞり、お手本を見ながらの模写で、線を引く練習をします。
52．運筆②	運筆①からさらに発展し、「欠所補完」や「迷路」などを楽しみながら、より複雑な鉛筆運びを習得することを目指します。
53．四方からの観察 積み木編	積み木を使用した「四方からの観察」に関する問題を練習できるように構成。
54．図形の構成	見本の図形がどのような部分によって形づくられているかを考えます。
55．理科②	理科的知識に関する問題を集中して練習する「常識」分野の問題集。
56．マナーとルール	道路や駅、公共の場でのマナー、安全や衛生に関する常識を学べるように構成。
57．置き換え	さまざまな具体的・抽象的事象を記号で表す「置き換え」の問題を扱います。
58．比較②	長さ・高さ・体積・数などを数学的な知識を使わず、論理的に推測する「比較」の問題を練習できるように構成。
59．欠所補完	線と線のつながり、欠けた絵に当てはまるものなどを求める「欠所補完」に取り組める問題集です。
60．言葉の音（おん）	しりとり、決まった順番の音をつなげるなど、「言葉の音」に関する問題に取り組める練習問題集です。

◆◆ニチガクのおすすめ問題集◆◆

より充実した家庭学習を目指し、ニチガクではさまざまな問題集をとりそろえております!!

サクセスウォッチャーズ（全 18 巻）

①～⑱
本体各￥2,200 ＋税

全９分野を「基礎必修編」「実力アップ編」の２巻でカバーした、合計 18 冊。

各巻 80 問と豊富な問題数に加え、他の問題集では掲載していない詳しいアドバイスが、お子さまを指導する際に役立ちます。

各ページが、すぐに使えるミシン目付き。本番を意識したドリルワークが可能です。

ジュニアウォッチャー（既刊 60 巻）

①～⑳（以下続刊）
本体各￥1,500 ＋税

入試出題頻度の高い９分野を、さらに 60 の項目にまで細分化。基礎学習に最適のシリーズ。

苦手分野におけるつまずきを、効率よく克服するための 60 冊です。

ポイントが絞られているため、無駄なく高い効果を得られます。

国立・私立 NEW ウォッチャーズ

言語／理科／図形／記憶
常識／数量／推理
本体各￥2,000 ＋税

シリーズ累計発行部数 40 万部以上を誇る大ベストセラー「ウォッチャーズシリーズ」の趣旨を引き継ぐ新シリーズ!!

実際に出題された過去問の「類題」を 32 問掲載。全問に「解答のポイント」付きだから家庭学習に最適です。「ミシン目」付き切り離し可能なプリント学習タイプ！

実践 ゆびさきトレーニング①・②・③

本体各￥2,500 ＋税

制作問題に特化した一冊。有名校が実際に出題した類似問題を 35 問掲載。

様々な道具の扱い（はさみ・のり・セロハンテープの使い方）から、手先・指先の訓練（ちぎる・貼る・塗る・切る・結ぶ）、また、表現することの楽しさも経験できる問題集です。

お話の記憶・読み聞かせ

［お話の記憶問題集］
中級／上級編
本体各￥2,000 ＋税

初級／過去類似編／ベスト 30
本体各￥2,600 ＋税

1 話 5 分の読み聞かせお話集①・②、入試実践編①
本体各￥1,800 ＋税

あらゆる学習に不可欠な、語彙力・集中力・記憶力・理解力・想像力を養うと言われているのが「お話の記憶」分野の問題。問題集は全問アドバイス付き。

分野別 苦手克服シリーズ（全 6 巻）

図形／数量／言語／
常識／記憶／推理
本体各￥2,000 ＋税

数量・図形・言語・常識・記憶の６分野。アンケートに基づいて、多くのお子さまがつまづきやすい苦手問題を、それぞれ 40 問掲載しました。

全問アドバイス付きですので、ご家庭において、そのつまづきを解消するためのプロセスも理解できます。

運動テスト・ノンペーパーテスト問題集

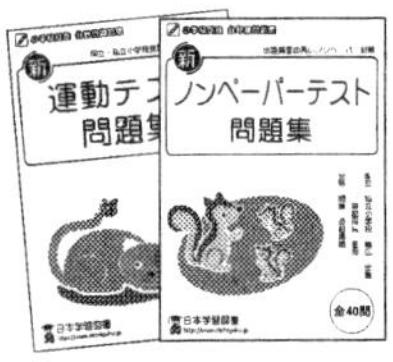

新 運動テスト問題集
本体￥2,200 ＋税

新 ノンペーパーテスト問題集
本体￥2,600 ＋税

ノンペーパーテストは国立・私立小学校で幅広く出題される、筆記用具を使用しない分野の問題を全 40 問掲載。

運動テスト問題集は運動分野に特化した問題集です。指示の理解や、ルールを守る訓練など、ポイントを押さえた学習に最適。全 35 問掲載。

口頭試問・面接テスト問題集

新 口頭試問・個別テスト問題集
本体￥2,500 ＋税

面接テスト問題集
本体￥2,000 ＋税

口頭試問は、主に個別テストとして口頭で出題解答を行うテスト形式。面接は、主に「考え」やふだんの「あり方」をたずねられるものです。

口頭で答える点は同じですが、内容は大きく異なります。想定する質問内容や答え方の幅を広げるために、どちらも手にとっていただきたい問題集です。

小学校受験 厳選難問集 ①・②

本体各￥2,600 ＋税

実際に出題された入試問題の中から、難易度の高い問題をピックアップし、アレンジした問題集。応用問題への挑戦は、基礎の理解度を測るだけでなく、お子さまの達成感・知的好奇心を触発します。

①は数量・図形・推理・言語、②は位置・常識・比較・記憶分野の難問を掲載。それぞれ 40 問。

国立小学校 対策問題集

国立小学校入試問題Ａ・Ｂ・Ｃ
（全３巻）本体各￥3,282 ＋税

新 国立小学校直前集中講座
本体￥3,000 ＋税

国立小学校頻出の問題を厳選。細かな指導方法やアドバイスが掲載してあり、効率的な学習が進められます。「総集編」は難易度別にＡ～Ｃの３冊。付録のレーダーチャートにより得意・不得意を認識でき、国立小学校受験対策に最適です。入試直前の対策には「新 直前集中講座」！

おうちでチャレンジ ①・②

本体各￥1,800 ＋税

関西最大級の模擬試験である小学校受験標準テストのペーパー問題を編集した実力養成に最適な問題集。延べ受験者数 10,000 人以上のデータを分析しお子さまの習熟度・到達度を一目で判別。

保護者必読の特別アドバイス収録！

Q＆Aシリーズ

『小学校受験で知っておくべき 125 のこと』
『小学校受験に関する保護者の悩みＱ＆Ａ』
『新 小学校受験の入試面接Ｑ＆Ａ』
『新 小学校受験 願書・アンケート文例集 500』
本体各￥2,600 ＋税

『小学校受験のための
願書の書き方から面接まで』
本体￥2,500 ＋税

「知りたい！」「聞きたい！」「こんな時どうすれば…？」そんな疑問や悩みにお答えする、オススメの人気シリーズです。

書籍についてのご注文・お問い合わせ
☎ 03-5261-8951

http://www.nichigaku.jp
※ご注文方法、書籍についての詳細は、Web サイトをご覧ください。

日本学習図書　検索

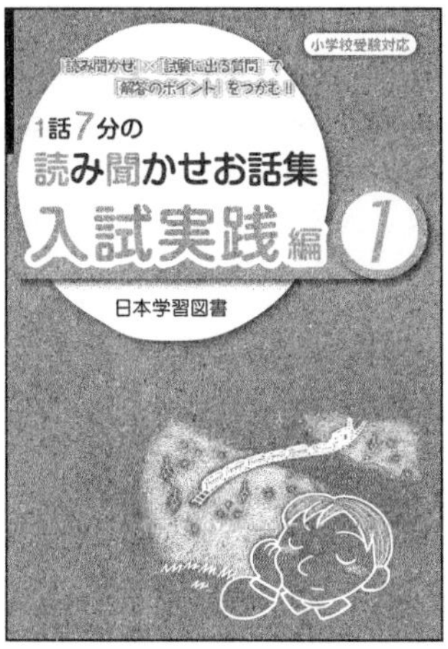

『読み聞かせ』×『質問』＝『聞く力』

お話の記憶の練習に最適

1話5分の 読み聞かせお話集①②

「アラビアン・ナイト」「アンデルセン童話」「イソップ寓話」「グリム童話」、日本や各国の民話、昔話、偉人伝の中から、教育的な物語や、過去に小学校入試でも出題された有名なお話を中心に掲載。お話ごとに、内容に関連したお子さまへの質問も掲載しています。「読み聞かせ」を通して、お子さまの『聞く力』を伸ばすことを目指します。　①巻・②巻　各48話

1話7分の読み聞かせお話集 入試実践編①

国立・私立小学校受験対応

最長1,700文字の長文のお話を掲載。有名でない＝「聞いたことのない」お話を聞くことで、『集中力』のアップを目指します。設問も、実際の試験を意識した設問としています。ペーパーテスト実施校の多くが「お話の記憶」の問題を出題します。毎日の「読み聞かせ」と「試験に出る質問」で、「解答のポイント」をつかんで臨みましょう！　50話収録

ニチガクの　この5冊で受験準備も万全！

小学校受験入門 願書の書き方から面接まで リニューアル版

主要私立・国立小学校の願書・面接内容を中心に、学校選びや入試の分野傾向、服装コーディネート、持ち物リストなども網羅し、受験準備全体をサポートします。

小学校受験で 知っておくべき 125のこと

小学校受験の基本から怪しい「ウワサ」まで、保護者の方々からの 125 の質問にていねいに解答。目からウロコのお受験本。

新　小学校受験の 入試面接Q＆A リニューアル版

過去十数年に遡り、面接での質問内容を網羅。小学校別、父親・母親・志願者別、さらに学校のこと・志望動機・お子さまについてなど分野ごとに模範解答例やアドバイスを掲載。

新　願書・アンケート 文例集500 リニューアル版

有名私立小、難関国立小の願書やアンケートに記入するための適切な文例を、質問の項目別に収録。合格を掴むためのヒントが満載！願書を書く前に、ぜひ一度お読みください。

小学校受験に関する 保護者の悩みQ＆A

保護者の方約 1,000 人に、学習・生活・躾に関する悩みや問題を取材。その中から厳選した 200 例以上の悩みに、「ふだんの生活」と「入試直前」のアドバイス２本立てで悩みを解決。

日本学習図書株式会社

家庭学習を
トータルサポート！ ニチガクの

オリジナル 効果的 学習法

1 まずは アドバイスページを読む！

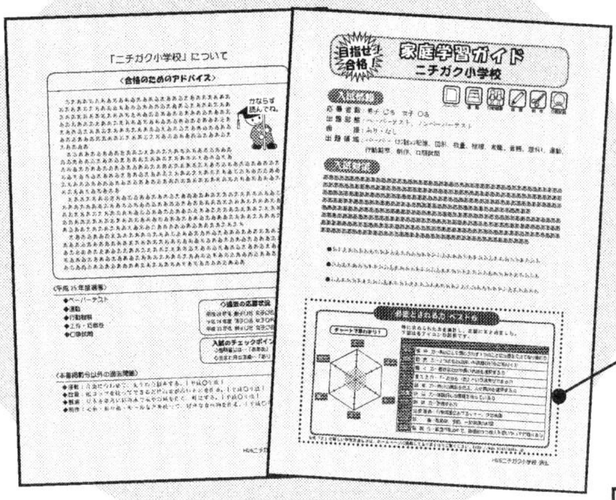

対策や試験ポイントがぎっしりつまった「家庭学習ガイド」。分析内容やレーダーチャート、分野アイコンで、試験の傾向をおさえよう！

2 問題を全て読み、出題傾向を把握する

3 「学習のポイント」で学校側の観点や問題の解説を熟読

4 初めて過去問題にチャレンジ！

5 プラスα 対策問題集や類題で力を付ける

過去問のこだわり

各問題に求められる「力」

分野だけでなく、各問題の求められる「力」をアイコンで表記！アドバイスページの分析レーダーチャートで力のバランスも把握できる！

各問題のジャンル

問題3 分野：図形（パズル） 集中 観察

〈準備〉 あらかじめ問題3-1の絵を線に沿って切り離しておく。

〈問題〉 （切り離したパズルと問題3-2の絵を渡す）ここに9枚のパズルがあります。この中からパズルを6枚選んで絵を作ってください。絵ができたら、使わなかったパズルを教えてください。

〈時間〉 1分

〈解答〉 省略

出題年度

[2018年度出題]

学習のポイント

用意されたパズルを使って絵を作り、その際に使用しなかったパズルを答える問題です。パズルのつながりを見つける図形認識の力と、指示を聞き逃さない注意力が要求されています。パズルを作る際には、全体を見渡してある程度の完成予想図を思い浮かべることと、特定の部品に注目して、ほかとのつながりを見つけることを意識して練習をすると良いでしょう。図形を認識し、完成図を予想する力は、いきなり頭に浮かぶものではなく、何度も同種の問題を解くことでイメージできるようになるものです。日常の練習の際にも、パズルが上手くできた時に、「どのように考えたの」と聞いてみて、考え方を言葉で確認する習慣をつけていくようにしてください。

【おすすめ問題集】
Ｊｒ・ウォッチャー３「パズル」、59「欠所補完」

学習のポイント

各問題の解説や学校の観点、指導のポイントなどを教えます。
今日から保護者の方が家庭学習の先生に！

おすすめ対策問題集

分野ごとに対策問題集をご紹介。苦手分野の克服に最適です！
＊専用注文書付き。

2021年度版 西武学園文理小学校・星野学園小学校 過去問題集

発行日 2020年7月29日
発行所 〒162-0821 東京都新宿区津久戸町 3-11
TH1ビル飯田橋 9F
日本学習図書株式会社
電 話 03-5261-8951 ㈹

ISBN978-4-7761-5295-8

C6037 ¥2000E

9784776152958

定価 本体2,000円＋税

1926037020004